U0356060

一 部 游 戏 机 进 化 的 视 觉 史

THE GAME CONSOLE 2.0

游戏机图鉴

[美] 埃文·阿莫斯——著 小宁子 王亚晖——译

A
PHOTOGRAPHIC
HISTORY
FROM ATARI
TO XBOX
-
Evan Amos

人 民 邮 电 出 版 社
北 京

图书在版编目(CIP)数据

游戏机图鉴：一部游戏机进化的视觉史 / (美) 埃文·阿莫斯著；小宁子，王亚晖译. -- 北京：人民邮电出版社，2022.5

ISBN 978-7-115-59087-9

Ⅰ. ①游… Ⅱ. ①埃… ②小… ③王… Ⅲ. ①游戏机一介绍一世界 Ⅳ. ①G898.3

中国版本图书馆CIP数据核字(2022)第055561号

内 容 提 要

本书是对游戏机的全景式梳理与回顾。书中以时间为线索，用极具艺术性的高清摄影图片呈现了120余款游戏设备的珍贵影像，全面记录了从第一世代到第九世代（1972—2020）的游戏机发展历史。此外，本书还收录了游戏机的硬件配置信息、周边设备、销售数据、游戏发售数据、相关商业史以及幕后趣闻，不仅是一场游戏机进化史的视觉盛宴，更是一部硬件视角下的游戏行业兴衰史。本书可作为游戏玩家的珍藏图鉴，也可以作为游戏开发者、游戏研究者的参考资料。

◆ 著　[美] 埃文·阿莫斯
　译　小宁子　王亚晖
　责任编辑　武晓宇
　责任印制　彭志环

◆ 人民邮电出版社出版发行　北京市丰台区成寿寺路11号
　邮编　100164　电子邮件　315@ptpress.com.cn
　网址　https://www.ptpress.com.cn
　北京富诚彩色印刷有限公司印刷

◆ 开本：889×1194　1/16
　印张：19.5　2022年5月第1版
　字数：429千字　2022年5月北京第1次印刷

著作权合同登记号　图字：01-2021-4977号

定价：218.00元

读者服务热线：(010)84084456-6009　印装质量热线：(010)81055316

反盗版热线：(010)81055315

广告经营许可证：京东市监广登字20170147号

献给艾伦

To Aaron

Wii U console deconstructed
Sega Saturn Accessories
Dreamcast
Nintendo
FAMILY COMPUTER
SEGA MARK III
セガ マークIII
家庭用カセット式ビデオゲーム
FAMILY COMPUTER
ファミリーコンピュータ
Nintendo
SUPER Famicom
スーパーファミコン
SG-1000 II
SG-1000
SONY
PS2
NINTENDO DS XL
SONY
スーパーカセットビジョン
INTERACTIVE VISION
The Two-Way Television System that puts you a part of the show!
COMPUTER VIDEO GAME SYSTEM...BY MAGNAVOX
Game Boy Advance
Nintendo 3DS
Game Boy Pocket, Color + Game+Watch
PROTEUS CORE
Modern Accessories
Sega Genesis Parts, Controllers + Power Supplies
Atari Lynx
CHANNEL F SYSTEM II
SHARP
NUON
SONY
PS4
vtech
V.SMILE
V.FLASH
VIDEO COM
HYPER SCAN
Random Handhelds
PlayStation 2 console + accessories
PS3 + Vita
Nintendo GameCube
SOCRATES
EDUCATIONAL VIDEO SYSTEM
Stimulates children's minds, builds confidence and helps them become better students.
ODYSSEY

PSP
Super A'can
VIRTUAL BOY
ODYSSEY
MAGNAVOX the originator of HOME VIDEO GAMES
HOME VIDEO GAME
CHANNEL F
SNK
NEO GEO X GOLD
MARIO & LUIGI DELUXE SET
Xavix Port
Atari Jaguar
Nintendo DS
XBOX ONE
SCPH-1000
COMMODORE 64
SONY
PS3
SANYO
IMP-21J
3DO
SNK
NEO-GEO CD
Tiger R-Zone + Game.com
RCA Studio II Intellivision II + Vectrex, Pucn
game.com
THE WALKING DEAD
PS VITA
PLAYSTATION 3
60GB
COMMODORE 64C
PERSONAL COMPUTER
ColecoVision
ATARI
N64
INTELLIVISION
Intelligent Television
SONY
250 GB/GO
NEC
PHILIPS
GEMINI
ATARI 5200
SUPERSYSTEM

前言

我出生在美国游戏大萧条时期。当我到了可以玩电子游戏的年纪，美国游戏市场已经恢复了活力，并因为任天堂娱乐系统（Nintendo Entertainment System，简称 NES）等日本游戏机而进入了一个新时代。NES，那个不起眼的灰黑色盒子，把它连接到一台破旧的 13 英寸电视机上，这就是我对电子游戏最初的认识。它牢牢地抓住了我的心，我的童年有很多时间都在玩游戏、阅读游戏的相关读物或谈论游戏。对电子游戏的喜爱伴随着我的一生，从 PlayStation 到 Xbox 360，甚至远不止于此。电子游戏激起了我的兴趣，培养了我的鉴赏能力，最终这本电子游戏历史上最重要的档案之一也得以问世。

我整理、维护电子游戏方面的资料只是一时兴起，源于一个偶然。几年前，我在维基百科（任何人都可以编辑的在线百科全书）上阅读了一些古老而又晦涩的文章。如果你花时间在维基百科上，那么就可能会注意到该网站最大的问题之一：照片。由于维基百科规定所上传的照片必须是没有版权的照片，以及许多维基百科的词条编辑者往往只善于撰写文字而不擅长拍照，所以文章中往往没有照片，或只有拍得很差的照片。阅读那些古老的游戏机文章，使我产生了为这些文章做点儿贡献的想法，尽管这意味着我必须得放弃我所上传的照片的所有权利。我有摄影设备，很快我就开始为维基百科上的游戏硬件拍照了。

我开始沉迷于这个项目。我拍了数以百计的照片，为一篇又一篇的维基百科文章加入照片。一段时间后，我发现我的照片的影响力已经远远超出了维基百科的范围。它们出现在图书、杂志、新闻报道、YouTube 视频，甚至是博物馆的展品中。这些照片填补了我所不知道的空白。现在，各种爱好者、创作者和专业人士都可以很容易地获得这些照片。创作者和专业人士可以很容易地获得规格一致的、高质量的游戏机照片，他们可以将其用于教学、报道和艺术。这种影响促使我进一步推进了我的工作，我在 Kickstarter 网站上设立了一个众筹项目，用于购买更多的游戏机进行拍摄。筹款活动很成功，而这个项目的高曝光率也促使了一本书的出现——正是这本书！

我写这本书的目的是通过游戏机硬件的演变（从市场的领导者，到失败的产品，再到彻底的失败）来展示电子游戏的历史。我花了数年时间寻找并拍摄了尽可能多的游戏机和游戏计算机（gaming computer），大多数游戏机被我用镜头记录了下来，甚至包括了一些非常罕见的机型，如 RDI Halcyon。本书第二版对第一版进行了修订和更新[①]，填补了第一版中的一些空白，并增补了新的第九世代游戏机。第二版还有许多更新和改进：游戏机现在是按时间顺序排列的；游戏机配置的文本框更加一致；重新拍摄了一些照片；重新编写了一些条目；书的结尾处增加了新的内容。无论你是一个经验丰富的复古爱好者，还是追寻游戏机悠久、丰富历史的新玩家，我都希望你能喜欢这本书并学到或看到新的东西。

① 此处的“第一版”“第二版”指英文版的版本，本书为英文版的第二版。——编者注

雅达利 800 的主板（右页图）

作者说明

照片和器材

本书的排版、摄影和照片编辑均由本人完成。本书是使用 Adobe InDesign CS5、Adobe Photoshop CS5 和 Wacom Intuos 3 制作的。大部分照片是用尼康 D7000 或 D7100 拍摄的，使用了 60 毫米和 105 毫米 Micro Nikkor 镜头。使用的其他相机包括尼康 D7500、尼康 D810 和索尼 A700。拍摄时使用了 Paul C. Buff 的闪光灯，包括两个 Einstein 和一个 White Lightning X800。

研究资料

书中的研究资料主要来自官方文件、图书、商品目录、报纸、新闻稿和游戏杂志。游戏爱好者网站上的资料对于老旧和冷门的机型来说是非常宝贵的。一些信息是从参与主机和游戏开发的人的采访中获得的，这可以保证其真实性和可靠性。

PC 游戏

理论上，IBM 的 PC（个人计算机）应该出现在这本书中。问题是，PC 是一个始于 20 世纪 80 年代并且至今仍在不断发展的游戏平台，它并不适合出现在一本按世代划分的书中。寻找符合时代特色的旧硬件也是个难题，所以本书把它排除了。

颜色信息

书中游戏机的颜色信息是简化的，只列出了总的调色板颜色。许多早期的游戏机有很多的颜色，但在屏幕上、每条线上或每个角色上，都被限制使用了一定数量的颜色。

游戏发售数

这是一个令人头疼的问题，因为“游戏”和“发售”的定义可能是有争议的，而且也难以证明所有列出的游戏都存在于那些老旧和不知名的游戏机上。对于拥有数字商店的现代游戏机来说，它们的游戏库体量可能会因独立游戏和复古游戏的存在而大幅膨胀。

游戏机销量

千万不要相信销售数据，因为很多游戏机的销售数据不是来自官方或可靠的来源。许多网站和纸质出版物上的数字也无法得到证实，特别是那些古老且不知名的主机。更糟糕的是，官方的销售数字甚至是夸大的，官方统计的是向商店的发货数量，而不是游戏机的实际销售数量。基于以上原因，在第一版中，我删掉了许多数据。但在这一版中，我加入了被普遍接受的销量数据，以使条目信息保持一致。请注意，许多数字是估计的，并且永远可能不会得到确认。

致谢

如果没有大家的帮助，这本书是不可能完成的，他们中的大多数人捐款让我购买游戏机作为历史留存。他们的名字排列在这本书的“衬页”上，这其中也有那些以其他方式为这本书做出贡献的人，包括我的朋友和家人。

我还要感谢所有游戏史学家和游戏爱好者们，他们编纂、存档、扫描了相关信息，这些信息让我们能够深入了解这些主机的历史，并使本书的研究更为可信。最后，感谢那些寻找并保存稀有之物的收藏家们，他们的成果被保存下来供子孙后代观赏。

EINSTEIN
EINSTEIN
Wii
mini
DISK SYSTEM
SHIELD

目录

第一世代

米罗华奥德赛（1972） 14
《乓》游戏机（1975） 18

第二世代

仙童 Channel F（1976） 24
RCA Studio II（1977） 28
Coleco Telstar Arcade（1977） 29
雅达利 2600（1977） 30
Bally Professional Arcade（1977） 34
PC-50x 系列（1977） 35
米罗华奥德赛²（1978） 36
APF MP1000（1978） 38
VideoBrain（1978） 40
Interton VC 4000（1978） 41
Unisonic Champion 2711（1978） 42
Microvision（1979） 43
雅达利 800（1979） 44
Intellivision（1980） 46
任天堂 Game & Watch（1980） 50
Epoch Cassette Vision（1981） 52
Entex Select-A-Game（1981） 53
康懋达 VIC-20（1981） 54
艾默生 Arcadia 2001（1982） 55
ZX Spectrum（1982） 56
康懋达 64（1982） 58
Vectrex（1982） 60
ColecoVision（1982） 62
雅达利 5200（1982） 66
伟易达 CreatiVision（1982） 70
Entex Adventure Vision（1982） 71
Tomy Tutor（1982） 72
美泰水瓶座（1983） 73
1983 年电子游戏市场崩溃 74

第三世代

世嘉 SG-1000（1983） 78
任天堂 Famicom（1983） 80
卡西欧 PV-1000（1983） 84
MSX（1983） 86
Game Pocket Computer（1984） 88
Super Cassette Vision（1984） 89
Super Micro（1984） 90
RDI Halcyon（1985） 91
任天堂娱乐系统（1985） 92
世嘉 Master System（1986） 96
雅达利 7800（1986） 98
雅达利 XE Game System（1987） 100
LJN Video Art（1987） 102
Action Max（1987） 104
伟易达 Socrates（1988） 105

第四世代

NEC PC Engine（1987） 108

Amstrad GX4000 的主板（上图）

第五世代

第六世代

第七世代

第八世代

第九世代

第一世代

早在《乓》(*Pong*)出现之前，美国的实验室和大学里就出现了“使用电子显示屏进行互动娱乐”的构想。最早的例子之一出现在1958年，当时布鲁克海文实验室的一名研究人员给一台模拟计算机加装了手持控制器，用来模拟一场网球比赛。随后，其他早期游戏如《太空大战》(*Spacewar!*, 1962)诞生在麻省理工学院，它们的运行都依靠昂贵的大型计算机。直到1972年米罗华奥德赛(Magnavox Odyssey)和《乓》发行，电子游戏才成为主流。这种新的娱乐形式让年轻人如痴如醉，进而引发了一场热潮，并在日后成为价值数十亿美元的全球性产业。

米罗华奥德赛500的主板（上图）

米罗华奥德赛

1972

上市售价：99 美元	总销量：约 33 万台
处理器：无	内存：无
颜色：2 种（黑色和白色）	游戏发售数：28 款（11 张游戏卡）

米罗华奥德赛是世界上第一台供人们在电视上玩游戏的家用设备。受限于当时的技术条件，奥德赛的游戏只使用了黑色背景和白色的方块、线条。米罗华奥德赛上最出色的游戏是一款简单的双人网球游戏，这款游戏也是《乓》的灵感来源。虽然是《乓》而不是米罗华奥德赛掀起了电子游戏的热潮，但这款主机也在当时取得了惊人的成就，为现代电子游戏和游戏机的发展奠定了基础。

奥德赛的规划和设计始于 1966 年。

奥德赛没有处理器。它的逻辑和图形完全由简单的电容器、电阻器、晶体管和二极管来实现。

“棕盒子”原型机和光枪

米罗华奥德赛源于20世纪60年代的美国国防承包商桑德斯联合公司（Sanders Associates）。当时，工程师拉尔夫·贝尔（Ralph Baer）提出了一个构想，让人们能够将设备连接到电视上玩游戏。到1967年，贝尔开发了“电视游戏机7号”（TV Game Unit #7）。这是一个表面贴附着木纹塑料的金属盒子，上面有很多开关，还带有两个控制器。这个原型机后来被称为“棕盒子”。通过开合众多的开关，棕盒子可以在不同的游戏类型之间进行切换。这些游戏中包括一款射击游戏，可以用一个改装过的玩具步枪来玩。后来，米罗华公司看过棕盒子的展示后，决定将其开发成奥德赛游戏机。

拉尔夫·贝尔退休后，用手工制作了一些棕盒子的复制品。这张照片上的棕盒子就是其中之一。最初的棕盒子收藏在史密森尼博物馆（Smithsonian Institution）。

游戏主机的第一个配件是光枪。许多《乓》时代的游戏主机都配备了光枪，用于打靶和射击游戏。

彩色盖片（color overlay）有两种尺寸，18 英寸和 23 英寸，可以通过静电作用吸附在电视屏幕上。

配件包

米罗华用配件包增强了奥德赛的基础和高自由度玩法。每套配件包都有彩色盖片、扑克、筹码、骰子、各种游戏板和卡片。玩家可在 12 种不同的游戏中使用这些额外的道具。

《乓》游戏机

1975

上市售价： 98.95 美元（《西尔斯版乓》）	**总销量：** 全系列超过 500 万台
处理器：《乓》的专用芯片	**内存：** 不适用
颜色： 2 ~ 8 种，取决于芯片组	**全部的《乓》机型：** 超过 300 款

雅达利的第一款产品是《乓》。这是一款非正式的街机游戏，改编自米罗华奥德赛的网球电子游戏。雅达利的版本在初始版本的基础上进行了改进，添加了计分器、音效和更精妙的游戏玩法。《乓》在街机和酒吧里大受欢迎，于是雅达利与西尔斯合作推出了家庭版，并于 1975 年发售，名为《西尔斯版乓》（*Sears Tele-Games Pong*）。家庭版的《乓》也获得了巨大的成功，并催生了《乓》的许多复制品，促进了电子游戏产业的崛起。

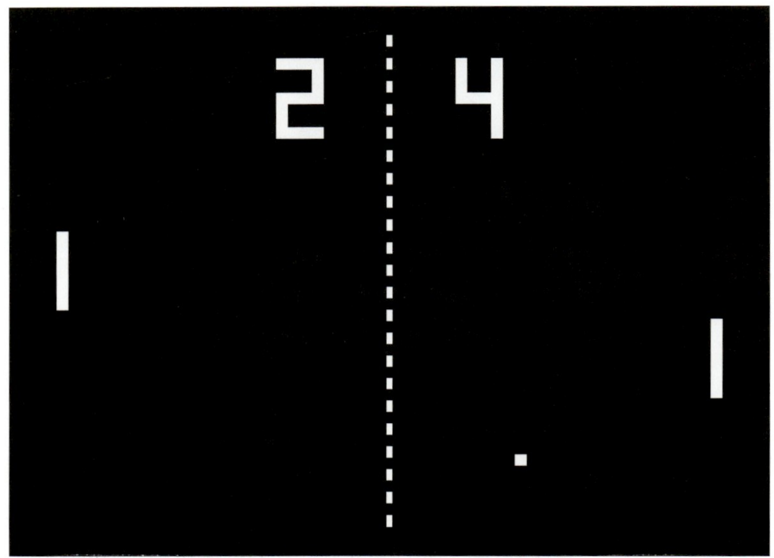

这款“彩色电视游戏 15”(Color TV Game 15) 提供了《乓》的 15 种变体游戏，发售于 1977 年，零售价为 1.5 万日元。

任天堂电视游戏机

《乓》不仅仅在美国取得了现象级的成功，在日本和欧洲也大获成功，当地公司都在生产自己的《乓》游戏。在日本，在最受欢迎的《乓》游戏中，有一款出自一家刚开始涉足电子游戏领域的老牌玩具制造商——任天堂 (Nintendo)。任天堂的“彩色电视游戏系列”产品包括：两款《乓》游戏机、一款克隆版的《打砖块》(*Breakout*) 游戏机、一款赛车游戏机和一款可以玩战略游戏《奥赛罗》(*Othello*) 的计算机。

2000 机型是奥德赛游戏机中第一款为《乒》提供单人模式的机型。

Coleco Telstar 系列具有彩色图形界面、光枪，甚至还有卡带系统。

奥德赛和 Coleco Telstar 系列

1975 年，米罗华已停止生产最初的奥德赛，并开始生产一系列流线型的奥德赛主机。一些专用的《乒》游戏机（如上图中的奥德赛 2000 机型）使用了通用仪器公司的 AY-3-8500。这是《乒》游戏的专用芯片，能将《乒》的所有游戏逻辑和电路集成到一个芯片中。第一个使用这种芯片的是玩具制造商 Coleco，它的 Telstar 系列后来成为最畅销的《乒》游戏系列之一。

1977 年的游戏市场崩溃

《乓》的专用芯片门槛很低，这为电子制造商生产他们自己的《乓》游戏机打开了闸门。《乓》非常受欢迎，也很容易制作，到 1977 年，市场上充斥着几乎相同的游戏。当消费者开始感到厌倦，游戏销售停滞时，那些跟风的公司就抛弃了他们的《乓》游戏机，退出了这个行业。其结果是游戏市场的第一次崩溃和《乓》时代的终结。幸运的是，新一代的游戏机很快出现，并迅速振兴了这个行业。

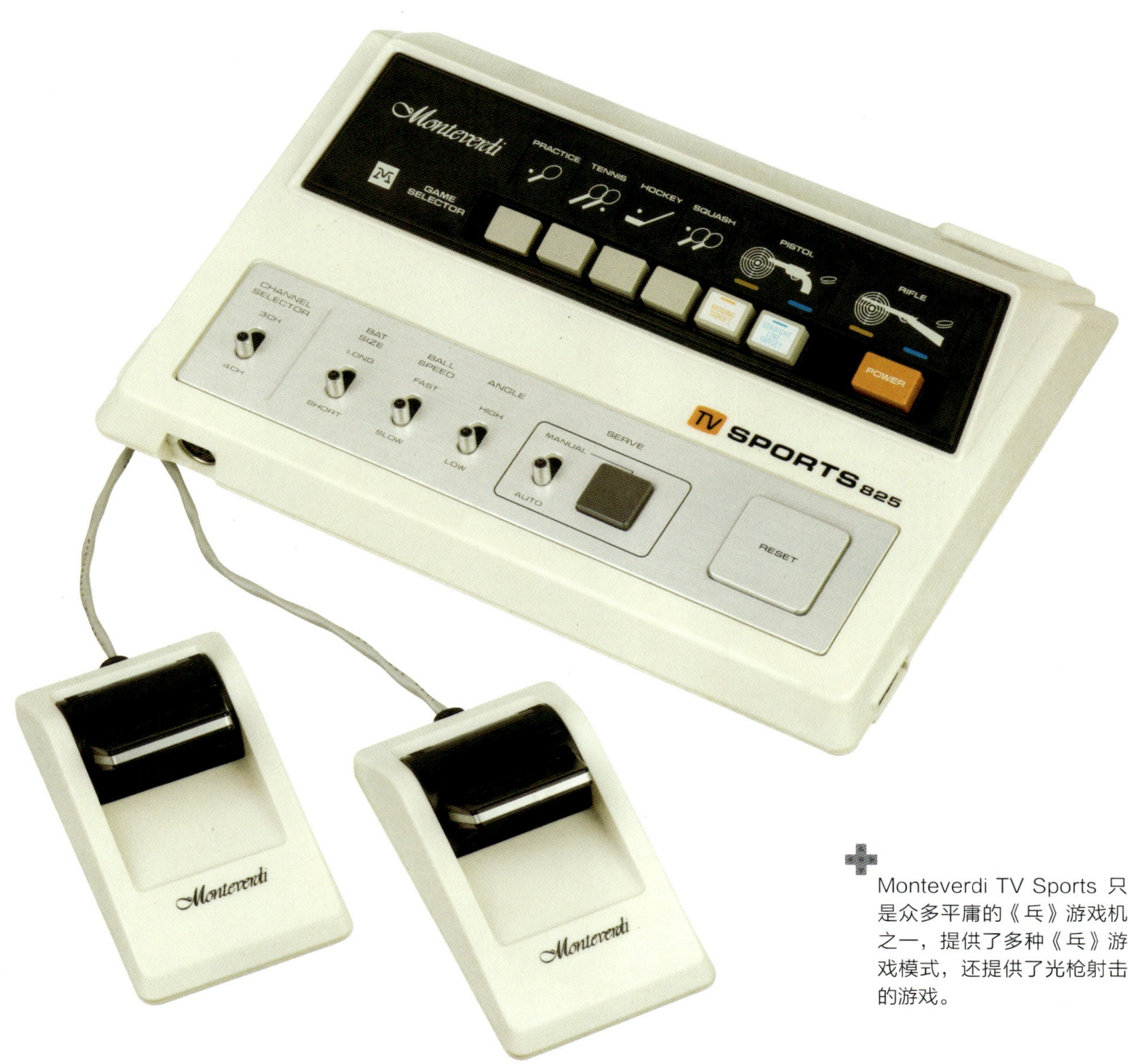

Monteverdi TV Sports 只是众多平庸的《乓》游戏机之一，提供了多种《乓》游戏模式，还提供了光枪射击的游戏。

3579545
20PFA
KSSA
SN74LS00N
SN74LS114N
SN7402N
MC6821P
MC6847P
MC6800P

第二世代

技术革新让第二世代的游戏给人们带去了更丰富的游戏体验。新型微处理器可以运行 ROM 卡带，这意味着一台游戏机理论上可以玩无限多种游戏。在这些新游戏机于家庭中流行起来的同时，人们也拥向街机，去玩那些拥有无与伦比的画面、音效和玩法的游戏。电子游戏和硬件的销量在很短的时间内出现了大幅增长，从而产生了“淘金热效应”，众多不同的制造商和开发者进入了这个低门槛市场。然而，这个“黄金时代”并未持续太久，竞争公司的一拥而入为电子游戏行业有史以来最大的灾难埋下了隐患。

仙童 Channel F System II 的主板（上图），APF MP1000 的主板（左页图）

仙童 Channel F

1976

上市售价： 169 美元	**总销量：** 25 万 ~ 35 万台（估计）
处理器： 仙童 F8 处理器（1.79 MHz）	**内存：** 64 B **显存** :2 KB
颜色： 8 种	**游戏发售数：** 26 款

Channel F（F 频道）是第一台真正意义上的电子游戏机，因为它首次使用了可移动、可编程的媒介与微处理器的组合模式。这款由仙童半导体（Fairchild Semiconductor）生产的游戏机，曾被视为最早的 8 位微处理器游戏机。在发售时，Channel F 是《乓》游戏机的升级版，但由于仙童对游戏和零售市场不了解，它从未真正流行。Channel F 缺少创新性的动作游戏，也就是其后来的竞争对手雅达利 2600（Atari 2600）所拥有之物。Channel F 销售停滞后，仙童在进入游戏市场的第二年就退出了该领域。

Channel F 有两个内置游戏：《曲棍球》（*Hockey*）和《网球》（*Tennis*）。

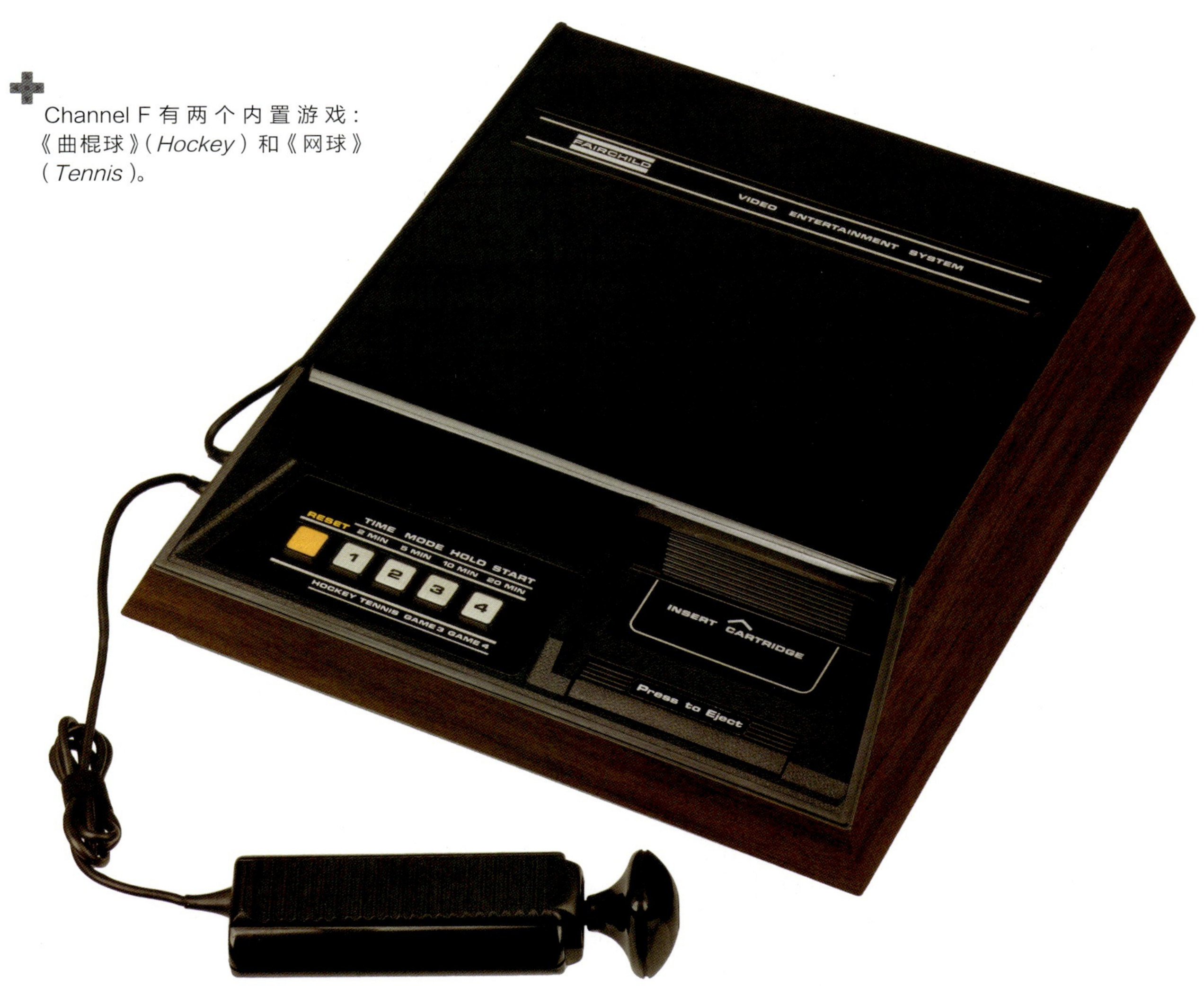

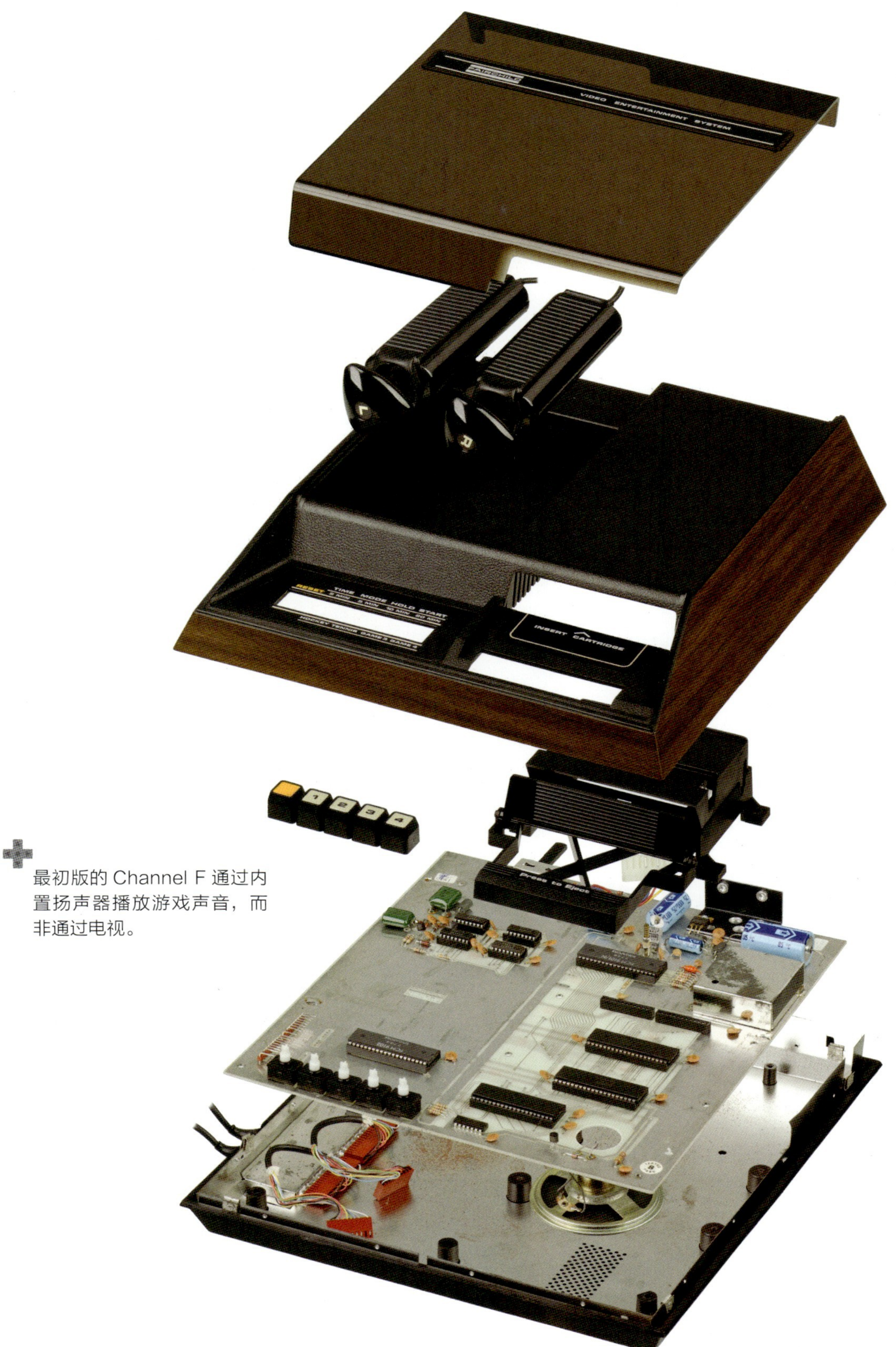

最初版的 Channel F 通过内置扬声器播放游戏声音，而非通过电视。

锆石国际公司于 1979 年接手了 Channel F 的销售工作，并发行了该主机的最后 6 款游戏。

Channel F System II

1978 年，仙童退出了电子游戏行业，当时它刚刚完成了 Channel F 的改造。这个全新的流线型版本 System II 通过电视的扬声器播放声音，并且配有可以拆卸的控制器。1979 年，该机型和仙童 Channel F 的全部库存都卖给了锆石国际公司（Zircon International），后者继续销售该主机，直到电子游戏市场崩溃。

Channel F 的控制器造型独特，只有一个旋钮，玩家可以像使用操纵杆一样进行向下、向上、滑动的操作，甚至可以像划桨一样旋转它。

RCA Studio II

1977

上市售价： 149 美元	**总销量：** 1.5 万 ~ 2.5 万台（估计）
处理器： RCA 1802（1.78 MHz）	**内存：** 512 B
颜色： 2 种（黑色和白色）	**游戏发售数：** 11 款

Studio II 是第二款使用卡带的游戏机，也是 RCA 公司发售的第一款和唯一一款主机。这款游戏机基于 RCA 公司在 20 世纪 70 年代早期开发的廉价计算机，后来被升级为游戏和教育专用主机。然而，这样的“出身”也给 Studio II 遗留了一些过时的设计：黑白图像和基于键盘的控制方式。和其他使用卡带的游戏机相比，Studio II 缺乏彩色图像和有趣的动作游戏，甚至让人感觉还不如一些《乓》游戏机先进。在经历了一年的销量不振后，RCA 公司放弃了 Studio II 并退出了游戏市场。

RCA Studio II 有 5 款内置游戏：*Addition*、*Bowling*、*Freeway*、*Doodle* 和 *Patterns*。

Coleco Telstar Arcade

1977

上市售价： 99 美元	**总销量：** 4 万 ~ 6 万台（估计）
处理器： MOS MPS-7600（在卡带中）	**内存：** 不适用
颜色： 5 种	**游戏发售数：** 4 款

Telstar Arcade 是 Coleco Telstar 版《乓》的衍生产品。这款游戏机将《乓》、射击游戏和赛车游戏整合到一个三角形的盒子中，并使用可替换的卡带提供多种游戏。每个卡带都包含一个高级版本的“《乓》专用芯片”，可以运行自定义代码，允许使用固定素材进行单独的游戏。然而，Telstar Arcade 的价值并不高于更便宜的《乓》游戏机，它被新产品 Channel F 和雅达利 2600 打败了。在一年的销售低迷后，Coleco 放弃了 Telstar Arcade。

在制作电子游戏之前，Coleco 生产过皮革制品、玩具和塑料泳池。

雅达利 2600

上市售价：169 ~ 199 美元	**总销量：**2500 万台（估计）
处理器：MOS 6507（1.19 MHz）	**内存：**128 B
颜色：128 种	**游戏发售数：**超过 450 款

2600 是雅达利第一款基于卡带的游戏机，是一系列《乓》专用游戏机的后续产品。雅达利 2600 的设计始于 20 世纪 70 年代中期，由于硬件成本的约束，内存受到了严重限制。由此衍生出的古怪硬件，需要各种技巧和变通方法才能充分利用，但雅达利年轻而热情的程序员出色地完成了这一工作。2600 独特的动作游戏让玩家惊叹不已，后来，该平台上的独占街机游戏和第三方游戏使该游戏机遥遥领先于竞争对手。这台游戏机定义了第二世代，并一直是最具标志性的游戏机之一。

这款游戏机最初以雅达利 VCS（Atari Video Computer System，雅达利视频计算机系统）的名称发售，1982 年更名为雅达利 2600。

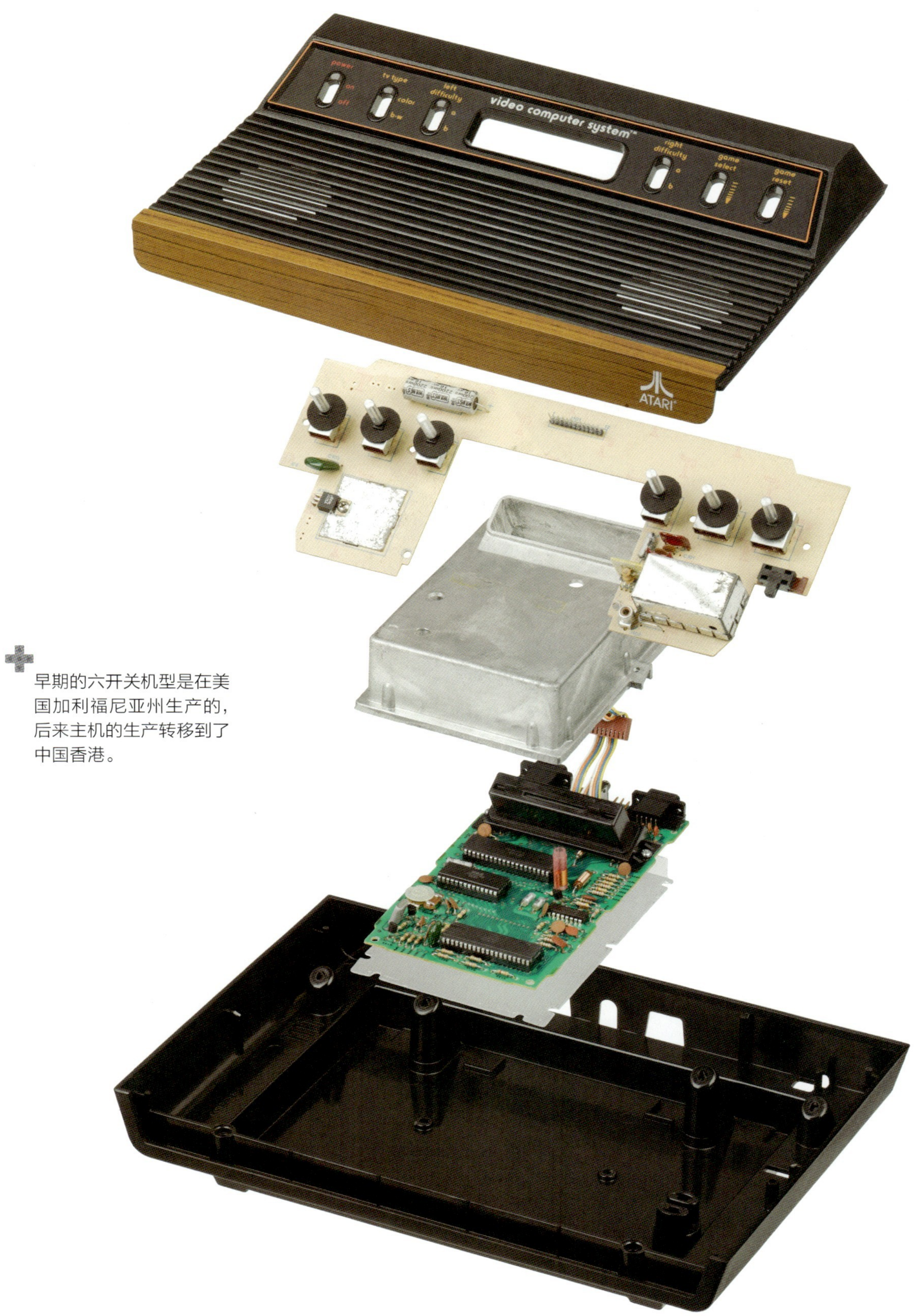

早期的六开关机型是在美国加利福尼亚州生产的，后来主机的生产转移到了中国香港。

雅达利 2600 的衍生机型

雅达利在 2600 的生命周期中发售了多个硬件版本。重新命名的 Video Arcade 是专门为西尔斯公司的 Tele-Games 产品线而设计的，而其他版本（雅达利的四开关机型）则是节约成本和精简内部组件的结果。雅达利 2600 最终的改版是在 1986 年推出的 2600 Jr，这款机型比之前的型号小巧许多，售价不到 50 美元。

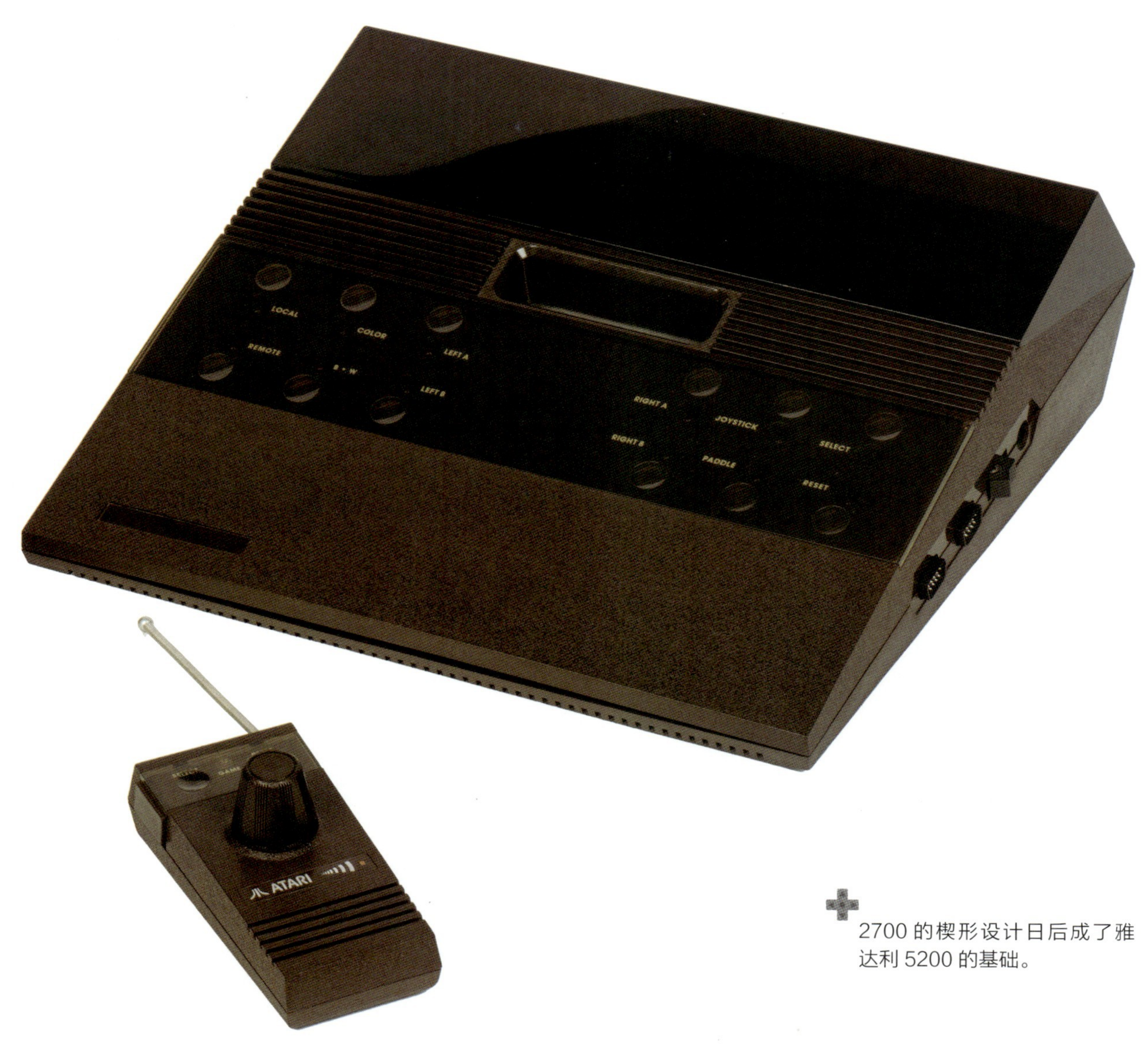

2700 的楔形设计日后成了雅达利 5200 的基础。

雅达利 2700 原型机

雅达利 2700 是一款未发售的 2600 升级机型，它用触感控制取代了开关，并增加了射频(RF)无线功能。升级后的无线控制器仅使用一节 9V 电池，操纵杆可以像桨一样旋转、滑动。尽管该机型已经完全设计好并准备投入生产，但在测试中它的射频信号强度，及其对附近游戏机和无线设备的影响引发了人们的担忧，最终被取消发售。

Bally Professional Arcade

1977

上市售价：299 美元

总销量：4 万 ~ 6 万台（估计）

处理器：Zilog Z80（1.79 MHz）

内存：4 KB

颜色：256 种

游戏销售数：28 款

Bally 公司以弹球机和老虎机闻名。Professional Arcade 是这家娱乐公司推出的第一款、也是唯一一款游戏机。该主机的售价高于竞争对手的游戏机，但它通过廉价的适配器提供了创建和保存 BASIC 程序到磁带上的功能。这一功能催生了一个小型、专业的程序员社区，他们开发并交易自己的游戏。然而，尽管 Professional Arcade 拥有热情的拥护者，但高故障率、糟糕的零售以及推广不足导致其销量不佳，使得 Bally 公司在 1980 年向 Astrovision 公司出售了该机型和它的版权，而 Astrovision 公司在游戏机领域也没有取得什么成功。

Astrocade 是 Professional Arcade 的重命名版机型。

PC-50x 系列

1977

上市售价： 取决于型号（平均约为 149 美元）	**总销量：** 全系列约 100 万台
处理器： 部分使用 AY-3-8xxx（在卡带中）	**内存：** 不适用
颜色： 8 种	**游戏发售数：** 8 个含多款游戏的卡带

PC-50x 系列的硬件标准，是 20 世纪 70 年代后期主要由中国香港的电子制造商使用的标准。与 Coleco Telstar Arcade 类似，卡带中封装了游戏的处理器，每个卡带包含一个不同的通用仪器芯片。这些第二代《乓》专用芯片的 GI 处理器，可以支持更先进的《乓》、射击、坦克和赛车类游戏。每个卡带有多达 10 种游戏模式可供选择，PC-50x 系列游戏机可以通过它的 10 个按钮轻松操作。直到 20 世纪 80 年代初，该主机一直在欧洲各地销售。在当时的欧洲游戏市场，美国生产的主机销售速度较慢，这也使欧洲游戏市场避免了《乓》时期的游戏市场崩溃。

PC-50x 系列产品包含二十多种型号。

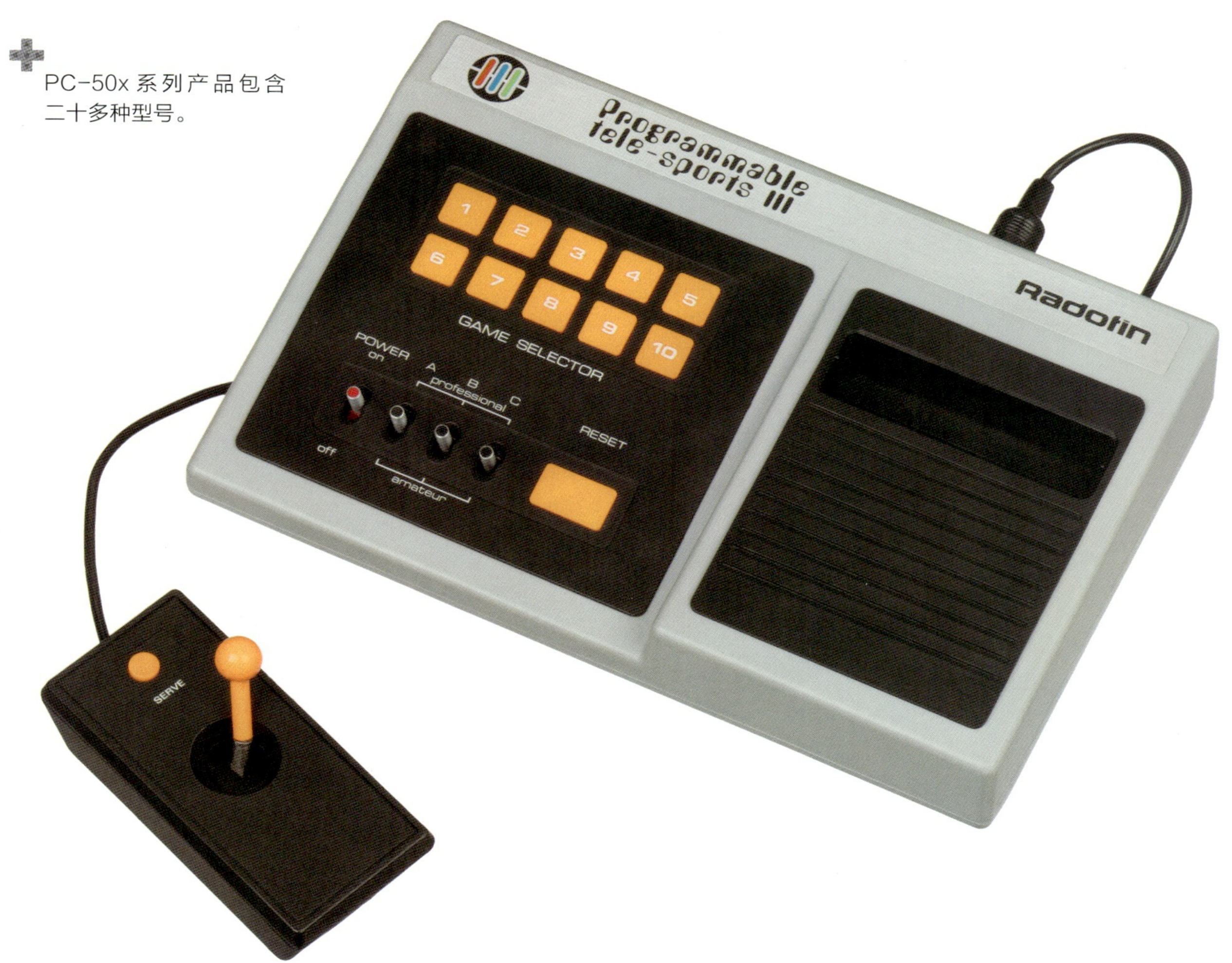

米罗华奥德赛 2

1978

上市售价： 179 美元	**总销量：** 200 万台（估计）
处理器： 英特尔 8048（1.79 MHz）	**内存：** 64 B　**显存：** 128 B
颜色： 12 种	**游戏发售数：** 超过 50 款

奥德赛 2 是米罗华奥德赛的继任机型，加入了可使用卡带的设计。这台大型游戏机的独特之处在于它内置了薄膜键盘，尽管薄膜键盘没有得到充分利用，但它为奥德赛 2 提供了比大多数其他游戏机更多的功能。然而，奥德赛 2 缺乏其竞争对手拥有的第三方支持，许多游戏大量重复使用内置美术资源又导致了视觉上的相似感。虽然这款游戏机在美国销量平平，但在欧洲却是一个强有力的竞争者。在那里，它以飞利浦 Videopac G7000 的名字销售。这是米罗华公司的最后一款主机，因为该公司在 1984 年就随着电子游戏市场崩溃而退出了这个领域。

奥德赛 3 的计划已经确定，但由于电子游戏市场崩溃而被取消。

尽管奥德赛^{2}很大，但里面几乎是空的。

APF MP1000

1978

上市售价：169 美元	**总销量：**超过 5 万台（估计）
处理器：摩托罗拉 6800（0.89 MHz）	**内存：**1 KB
颜色：64 种	**游戏发售数：**12 款

MP1000 是 APF 公司发售的一款游戏机，这家公司以计算器和流行的《乒》游戏系列而闻名。从《乒》到基于微处理器和卡带的 MP1000，这一转变对 APF 公司来说是一次巨大的飞跃，但该公司在硬件和游戏的开发上也承担了巨大的损失。随着计算器和《乒》市场的迅速下滑，加上个人计算机 PeCos One 的失败，资金紧张的 APF 公司努力通过打广告和更多的发行渠道来支持它的新游戏机，结果反响平平。之后，APF 公司转而将 MP1000 作为一款带有键盘的计算机进行营销。

每一款 MP1000 都带有内置游戏《火箭巡逻队》（*Rocket Patrol*）。

早期的家用计算机通常使用普通的盒式磁带来存储和加载程序。

APF Imagination Machine

Imagination Machine 是一个附加的键盘配件，它让 MP1000 变成了一台成熟的计算机。该配件包含一个额外的 8 KB 内存以及一个用于加载和保存 BASIC 程序的盒式驱动器。系统可扩展性是通过键盘后面的可选基座提供的，它可以配备另一个 8 KB 的内存或连接到一个声音调制解调器，再或者连接软盘驱动器。Imagination Machine 售价仅 599 美元（包括 MP1000 在内），在 1979 年末首次亮相时是一款价格便宜的计算机。Imagination Machine II 采用了新的流线型设计，将键盘和主机整合在一起。Imagination Machine II 的设计完成于 1981 年，但从未发售。同年，APF 公司因财政问题而倒闭。

VideoBrain

1978

上市售价： 499 美元	**总销量：** 2 万 ~ 2.5 万台（估计）
处理器： 仙童 F8（1.79 MHz）	**内存：** 1 KB
颜色： 16 种	**游戏发售数：** 超过 15 款

VideoBrain（视脑）是美国加州计算机制造商 Umtech 开发的家用计算机。该主机配备了摇杆控制器，可以使用 ROM 卡带运行商业、教育和游戏类软件。VideoBrain 拥有简化的界面和现成的软件，Umtech 将其设想为一款适合所有年龄层的易用计算机。然而，当时家庭计算机市场是由重视多功能性、BASIC 编程和廉价的可写入媒介（如磁带）的爱好者主导的。由于找不到受众，VideoBrain 不到一年便停产了。

VideoBrain 由仙童公司的一位前工程师设计，使用与 Channel F 相同的 F8 处理器。

Interton VC 4000

1978

上市售价： 500 马克	**总销量：** 超过 5 万台（估计，仅 VC 4000）
处理器： 西格尼蒂克 2650A（0.89 MHz）	**内存：** 37 B
颜色： 8 种	**游戏发售数：** 超过 35 款

VC 4000 是由德国 Interton 电子公司发售的欧洲游戏机，是由欧洲和亚洲多家公司发售的一系列克隆主机中的第一款。该系列主机基于飞利浦的西格尼蒂克芯片，使用的是其他主机制造商的现成设计，并添加了自己制造的计算机配件。VC 4000 和它的克隆品，共同使用一个由主流游戏和街机游戏组成的游戏库。这些主机未能对市场产生持久的影响，大多数在最初发售后就被市场淘汰了。

VC 4000 的一些克隆品包括 Grundig Super Play 4000、Hanimex HMG-1292 和 Acetronic MPU 1000。

Unisonic Champion 2711

1978

上市售价： 149 美元	**总销量：** 500 ~ 1000 台（估计）
处理器： GI AY-3-8800（2 MHz）	**内存：** 256 B
颜色： 4 种	**游戏发售数：** 4 个含多款游戏的卡带

Champion 2711 是一款非常罕见的游戏机，由美国 Unisonic 公司开发。该公司曾在 20 世纪 70 年代出售计算器和《乒》游戏机。由于图形处理器只能显示文本、数字、符号和扑克牌的静态列，所以 Champion 2711 主要局限于纸牌游戏。系统自带《百家乐》(*Baccarat*) 和《二十一点》(*Blackjack*)，而《扑克》(*Poker*)、《宾果》(*Bingo*) 和《翻牌记忆》(*Concentration*) 等游戏则是单独提供的。该游戏机只销售了很短的时间，可能是由于美国《乒》市场的崩溃，Unisonic 公司在该游戏机发售后迅速退出了游戏市场。

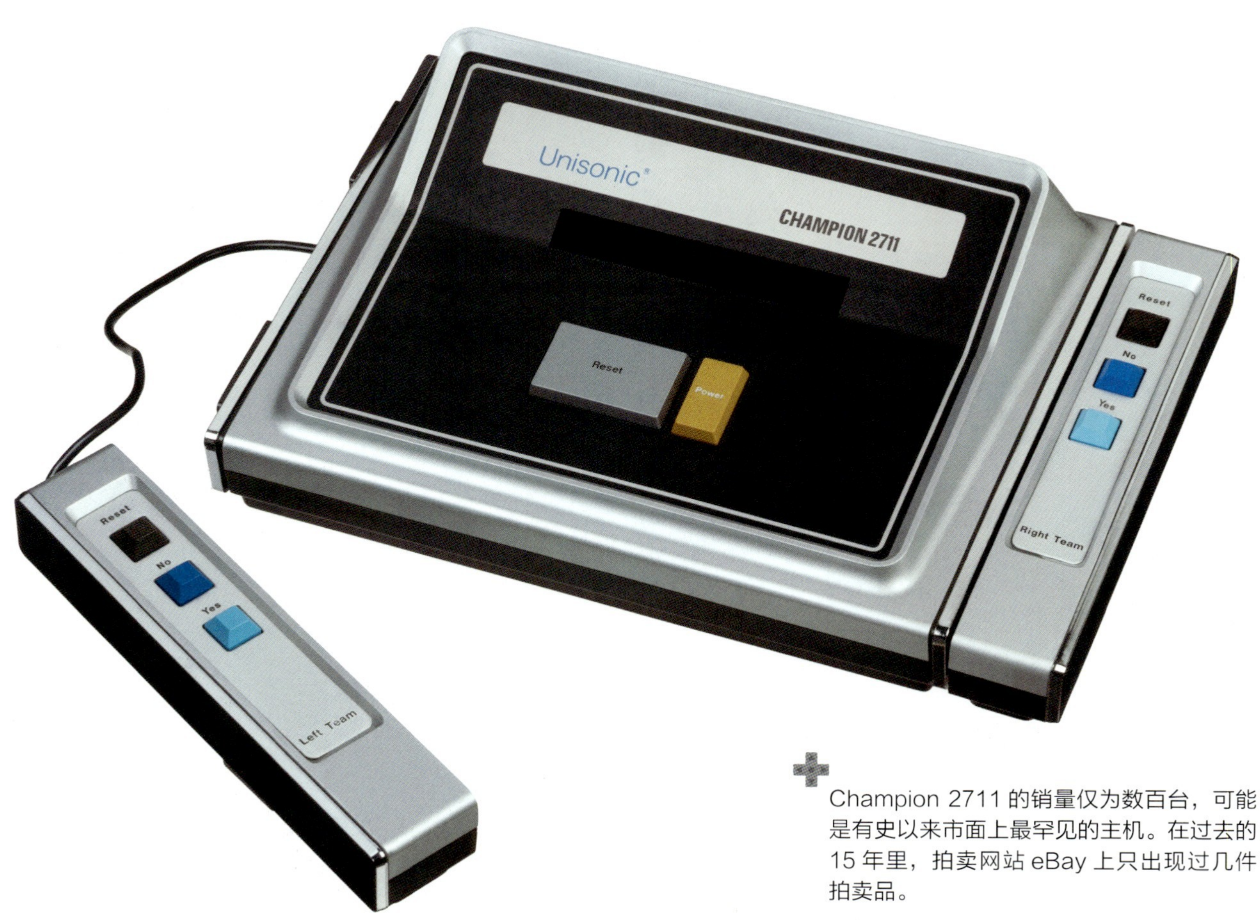

Champion 2711 的销量仅为数百台，可能是有史以来市面上最罕见的主机。在过去的 15 年里，拍卖网站 eBay 上只出现过几件拍卖品。

Microvision

1979

上市售价： 49 美元	**总销量：** 超过 7 万台（估计）
处理器： 英特尔 8021 或 TI TMS1100（在卡带中）	**内存：** 64 B
颜色： 2 种（黑色和白色）	**游戏发售数：** 12 款

Microvision（微视）是历史上第一款基于卡带的手持游戏机（掌机）。它由美国玩具和桌面游戏公司 Milton Bradley 制造，是一款“雄心勃勃”的产品，可惜受限于 20 世纪 70 年代末的技术条件。由于电池供电的处理器和液晶显示器的限制，Microvision 使用 9V 电池运行，仅支持 16 像素 × 16 像素的分辨率。然而，当时人们对手持设备的期望并不高，同时也喜欢 Microvision 快速、简单的游戏。在最初的强劲销售之后，人们的兴趣逐渐消退，该设备于 1981 年停产。

Microvision 的大部分功能是在游戏卡带上实现的。

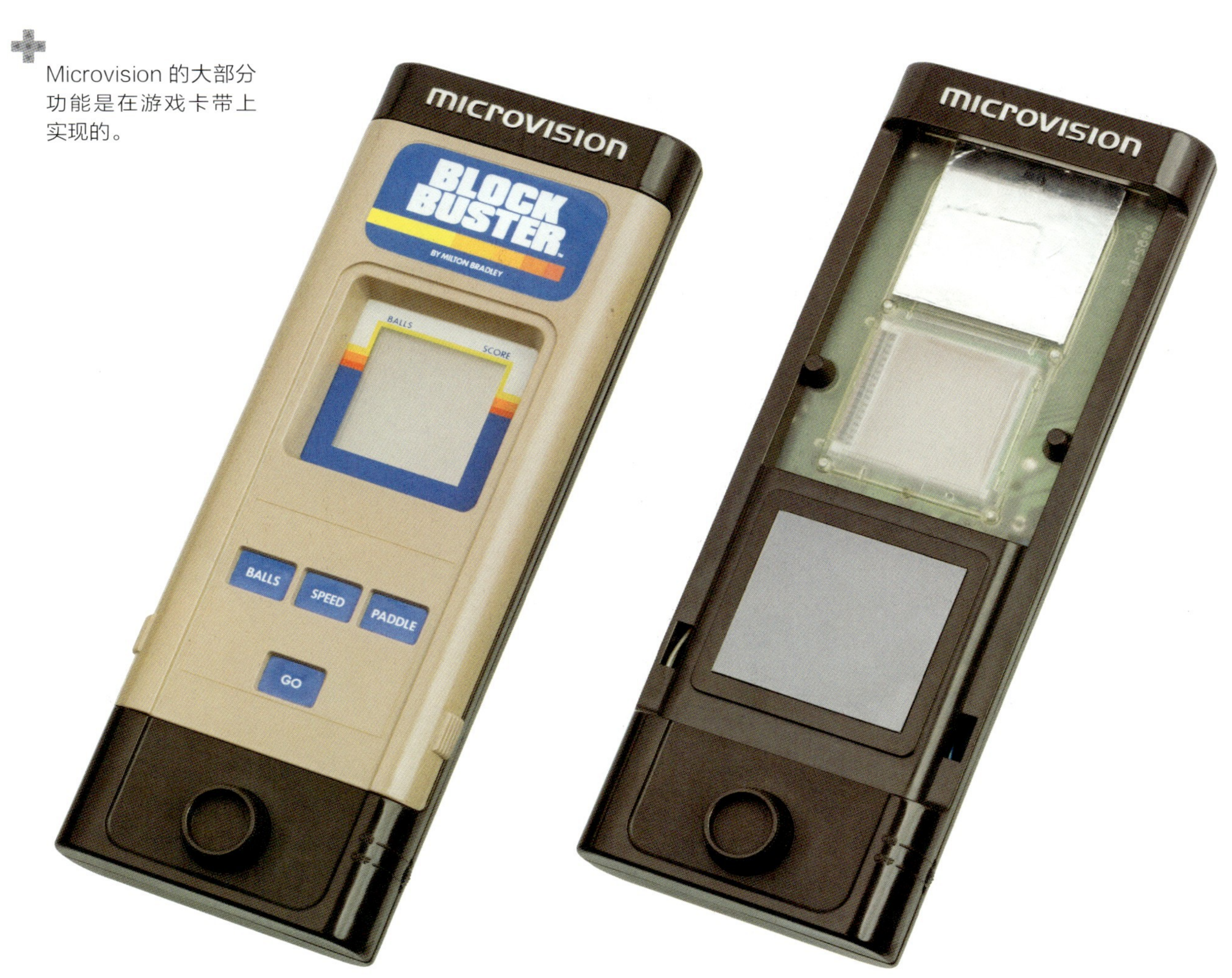

雅达利 800

1979

上市售价： 999 美元	**总销量：** 250 万 ~ 300 万台（所有机型）
处理器： MOS 6502（1.79 MHz）	**内存：** 可扩展，8 KB ~ 48 KB
颜色： 128 种（CTIA），256 种（GTIA）	**游戏发售数：** 超过 1000 款

雅达利 800（Atari 800）是游戏公司雅达利推出的首款 8 位家用计算机。和 VideoBrain 一样，雅达利的 8 位计算机主要通过卡带提供第一方程序和游戏，但也支持软盘和盒式磁带驱动器。与当时的计算机相比，雅达利的 8 位产品线具有卓越的图形、声音和游戏支持，因此赢得了游戏玩家而不是商业机器爱好者的口碑。当康懋达 64（Commodore 64）问世并成为首屈一指的游戏平台时，雅达利的计算机发展停滞不前，再也没有重现昔日的辉煌。

雅达利 800 提供了 2 个卡带插槽和 4 个控制器接口。

800XL 和 130XE 都内置了雅达利 BASIC。

雅达利 XL 和 XE 计算机

雅达利的 8 位计算机系列在其上市的 12 年期间进行了多次改版。寿命短暂的雅达利 1200XL 于 1983 年发售，其价格高于旧款 800 型，但因功能较少而受到批评。紧随 1200XL 之后的是雅达利 600XL 和 800XL，它们具有更小、更精简的设计，直接与康懋达 64 和 VIC-20 竞争。雅达利的 8 位计算机在 1985 年再次更新为 65XE 和 130XE，进一步降低了生产成本，同时将内存容量扩展到 128 KB。XE 的整合版是该系列的最后一款机型，介绍见本书第 100 页。

Intellivision

上市售价： 269 ~ 299 美元

总销量： 超过 300 万台

处理器： GI CP1610（0.895 MHz）

内存： 1456 B

颜色： 16 种

游戏发售数： 超过 125 款

Intellivision（智能视觉）是玩具公司美泰(Mattel)开发的一款主机，是比雅达利 2600 更复杂且更昂贵的竞品。美泰通过一场激进的广告宣传活动强调了这两款主机的区别，直接将 Intellivision 出色的音效和细致的图像与 2600 进行了比较。这些广告，以及大量的体育和策略类游戏，将 Intellivision 定位为雅达利的主要竞争对手。美泰的游戏主机蚕食了 2600 的市场份额，虽然不能真正与巨头雅达利竞争，但 Intellivision 打败了其他主机，位居第二。

Intellivision 于 1979 年试销，1980 年正式在美国全国发售。

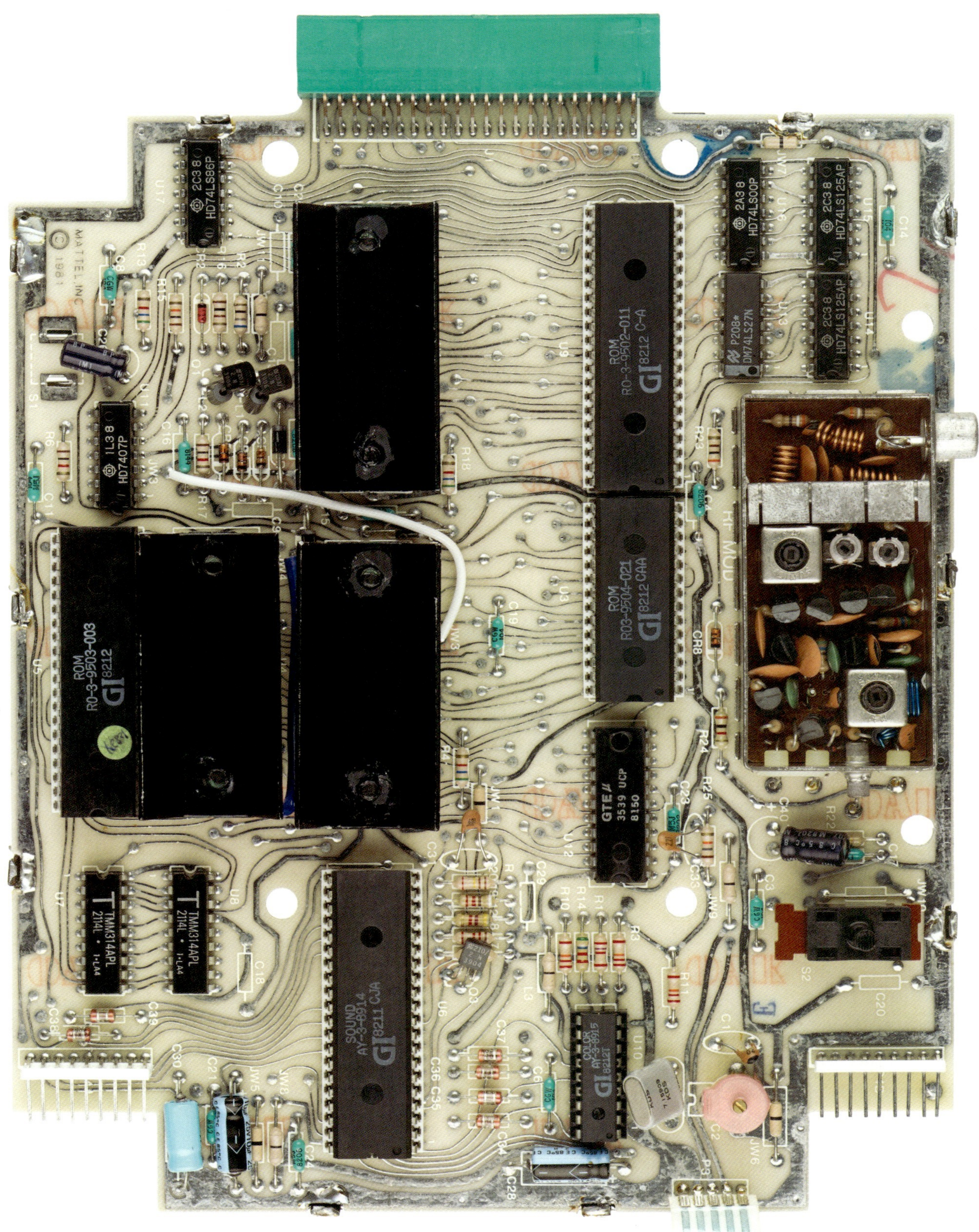
MATTEL INC 1981
HD74LS86P
HD7407P
HD74LS00P
HD74LS125AP
DM74LS27N
ROM RO-3-9502-011 GI 8212 C-A
ROM RO3-9504-021 GI 8212 CAA
ROM RO-3-9503-003 GI 8212
GTE 3539 UCP 8150
TMM314APL
SOUND AY-3-8914 GI 8211 CJA
COLOR AY-3-8915 GI 8212T
RF MOD

流入市场的美泰键盘数量只有不到4000个，真正被购买的，以及现在还能找到的就更少了。

键盘配件

Intellivision的键盘配件是一款臭名昭著且罕见的游戏主机附加配件，它将游戏主机变成了计算机。这款产品的存在在Intellivision诞生之初就宣布了，但由于美泰公司难以降低生产成本，所以它被推迟发售。1980年末，第一批键盘配件在非常小的范围内出售，后来就仅在西雅图和新奥尔良的几家商店出售了。美泰未能将该配件推向大众市场，但又宣传过Intellivision具有计算机功能，这导致美国联邦贸易委员会对其提出了法律诉讼和警告。由于键盘配件过于昂贵且不适合大规模推出，美泰公司在1982年停产了该产品，并发售了一个更精简的版本。

Intellivision II 与美泰的命运

1983 年初，美泰发售了 Intellivision 的升级版 Intellivision II。该机型使用了更紧凑、更现代化的新设计，配备了可拆卸的控制器和外部电源。这款游戏机在发布数月后，受到了电子游戏市场崩溃的打击，这给美泰的游戏部门造成了相当大的损失。即使在大幅降价、裁员和内部重组之后，美泰在 1983 年底仍遭受了数亿美元的亏损，这导致该公司卖掉了 Intellivision 的产品线，退出了游戏行业。

Intellivision 的附加配件包括一个语音合成模块、一个调制解调器、一个音乐键盘、一个计算机键盘扩展，甚至还有一个可以玩雅达利 2600 游戏的适配器。

任天堂 Game & Watch

1980

上市售价：24.99 ~ 34.99 美元	**总销量：**4300 万台
处理器：多种型号的夏普 SM5xx	**内存：**不适用
颜色：2 种（黑色和白色，配有彩色盖片）	**游戏发售数：**超过 50 款

Game & Watch（游戏手表）是任天堂推出的一系列游戏掌机，游戏包含任天堂在 10 年时间里制作的 50 多款掌机和桌面游戏。这个系列巧妙利用了袖珍计算器技术，通过在 LCD 屏幕上让固定图形闪烁，营造出了一种图形在移动的错觉。这款设备功耗低、价格便宜，而且比之前的 LED 手持设备小得多，其设计很快就被竞争对手模仿。随着时间的推移，Game & Watch 系列扩展出了更多产品：双屏幕系统、Micro Vs. 系列、基于镜像的全彩全景机型、罕见的透明水晶系列等。

Game & Watch 系列诞生了标志性的方向键。该设计首次出现在 1982 年的游戏《大金刚》中（右页图）。

DONKEY KONG
GAME & WATCH
GAME A
GAME B
TIME
ALARM
ACL
START
JUMP
CONTROLLER
Nintendo
AM 12:00

Epoch Cassette Vision

1981

上市售价： 1.35 万日元	**总销量：** 30 万～40 万台（估计）
处理器： NEC uPD77xC（在卡带中）	**内存：** 不适用
颜色： 8 种	**游戏发售数：** 11 款

Cassette Vision 是玩具公司 Epoch 在日本独家发售的一款游戏机。与 Telstar Arcade 类似，Cassette Vision 的游戏控制器位于主机本体上，其主处理器位于游戏卡带中。Cassette Vision 的图形效果是原始且过时的，低分辨率的视觉效果类似于早期的第二世代主机和稍好一点的《乓》游戏机。尽管有这些限制，但 Cassette Vision 低廉的价格和简单的小型游戏库迎合了日本玩家，并且销售良好，1983 年推出的该机型的一个低成本迷你版也是如此。

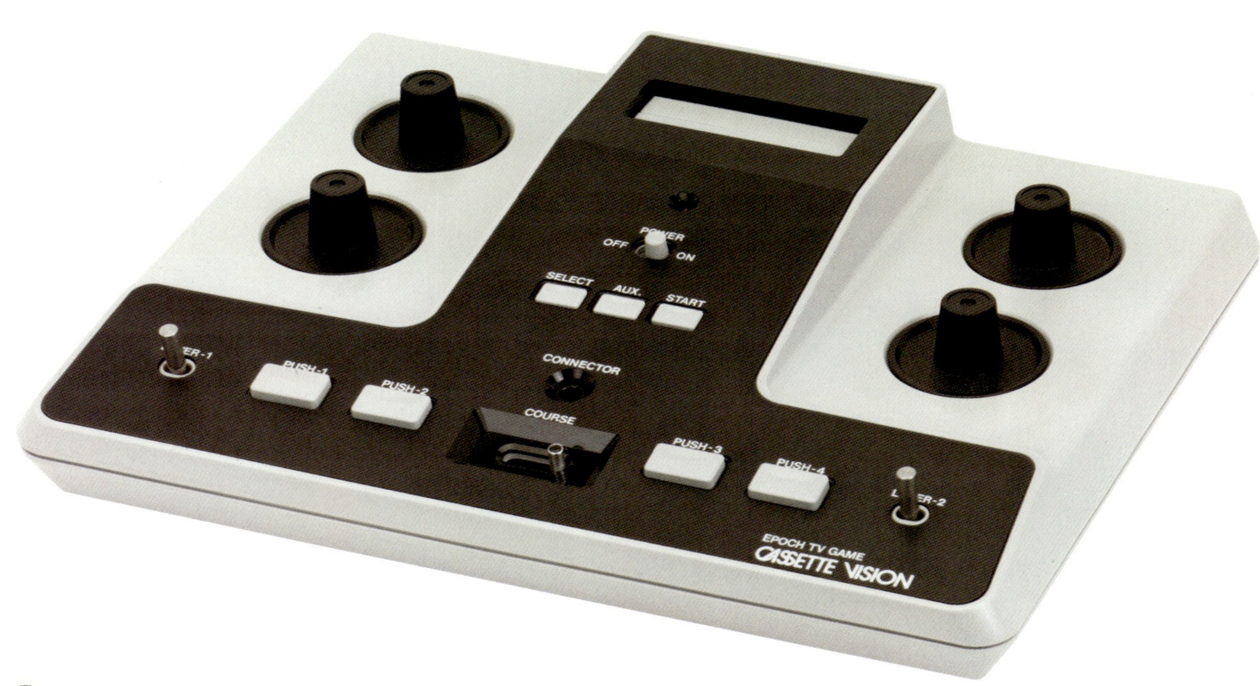

Epoch 是一家日本公司，在 20 世纪 80 年代早期以其 LCD 手持设备在美国闻名。

Entex Select-A-Game

1981

上市售价：59 美元	**总销量：**5000 ~ 15 000 台（估计）
处理器：日立 HD38800（在卡带中）	**内存：**不适用
颜色：2 种（红色和蓝色）	**游戏发售数：**6 款

Select-A-Game 是 Entex 公司的一款便携式游戏机。Entex 是一家美国玩具公司，在 20 世纪 80 年代早期以其专门的手持和桌面游戏机而闻名。与那些只能提供单一游戏的设备不同，Select-A-Game 可以通过可替换的卡带提供多种游戏。与许多其他 Entex 移动手持设备一样，Select-A-Game 有多玩家功能，大多数游戏允许两名玩家在游戏中进行正面交锋。该机型的寿命很短，不到一年时间，Entex 就不再生产更多游戏和更大的桌面版。

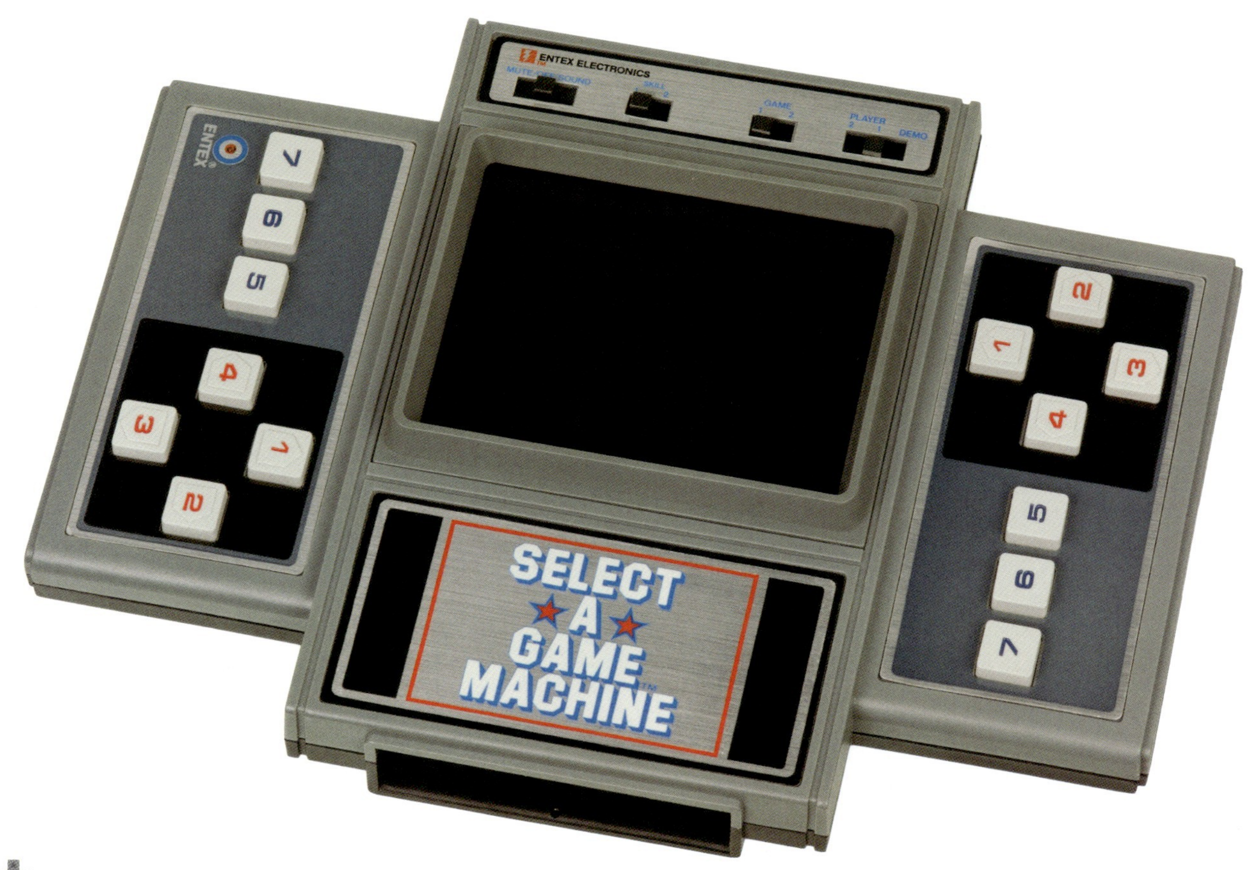

Select-A-Game 只发行了 6 款游戏：《棒球 4》（*Baseball 4*）、《弹球》（*Pinball*）、《吃豆人 2》（*Pac-Man 2*）、《足球 4》（*Football 4*）、《篮球 3》（*Basketball 3*）和《太空入侵者 2》（*Space Invader 2*）。

康懋达 VIC-20

1981

上市售价：299 美元	**总销量：**250 万台（估计）
处理器：MOS 6502（1.02 MHz，NTSC 制式）	**内存：**5 KB（可扩展）
颜色：16 种	**游戏发售数：**超过 400 款

VIC-20 是康懋达（Commodore）公司的家用计算机。康懋达公司是一家美国电子产品制造商，从计算器转向新兴的计算机市场，专注于向大众提供低成本的产品，并希望其 VIC-20 能在普通零售商和百货公司买到。与当时的计算机相比，VIC-20 结构紧凑，价格合理，购买方便，所以受到了年轻爱好者和家庭用户的欢迎。VIC-20 让整整一代人接触到了个人计算机，但其惊人的成就很快就被康懋达公司的下一台计算机康懋达 64 所掩盖。

VIC-20 的名字来源于其定制的图形和声音处理器，全称为视频接口芯片 (Video Interface Chip)。

艾默生 Arcadia 2001

1982

上市售价： 129 美元	**总销量：** 2 万 ~ 3 万台（估计）
处理器： 西格尼蒂克 2650A	**内存：** 1 KB
颜色： 8 种	**游戏发售数：** 24 款（仅包括 Arcadia 2001 的）

Arcadia 2001 是由美国艾默生（Emerson）电气公司发行的游戏机。和 Interton VC 4000 一样，Arcadia 2001 是基于飞利浦西格尼蒂克芯片的欧洲和亚洲克隆主机系列的开端，不过这个系列有着更大的内存和稍好一点的视频处理器。1982 年末发布时，Arcadia 2001 显得过时且缺乏吸引力，而雅达利 5200 和 ColecoVision 等全新且强大的主机却相继出现。在这个竞争激烈的市场中，Arcadia 2001 没有引起波澜，很快就被艾默生放弃了。艾默生也随之彻底退出了游戏市场。

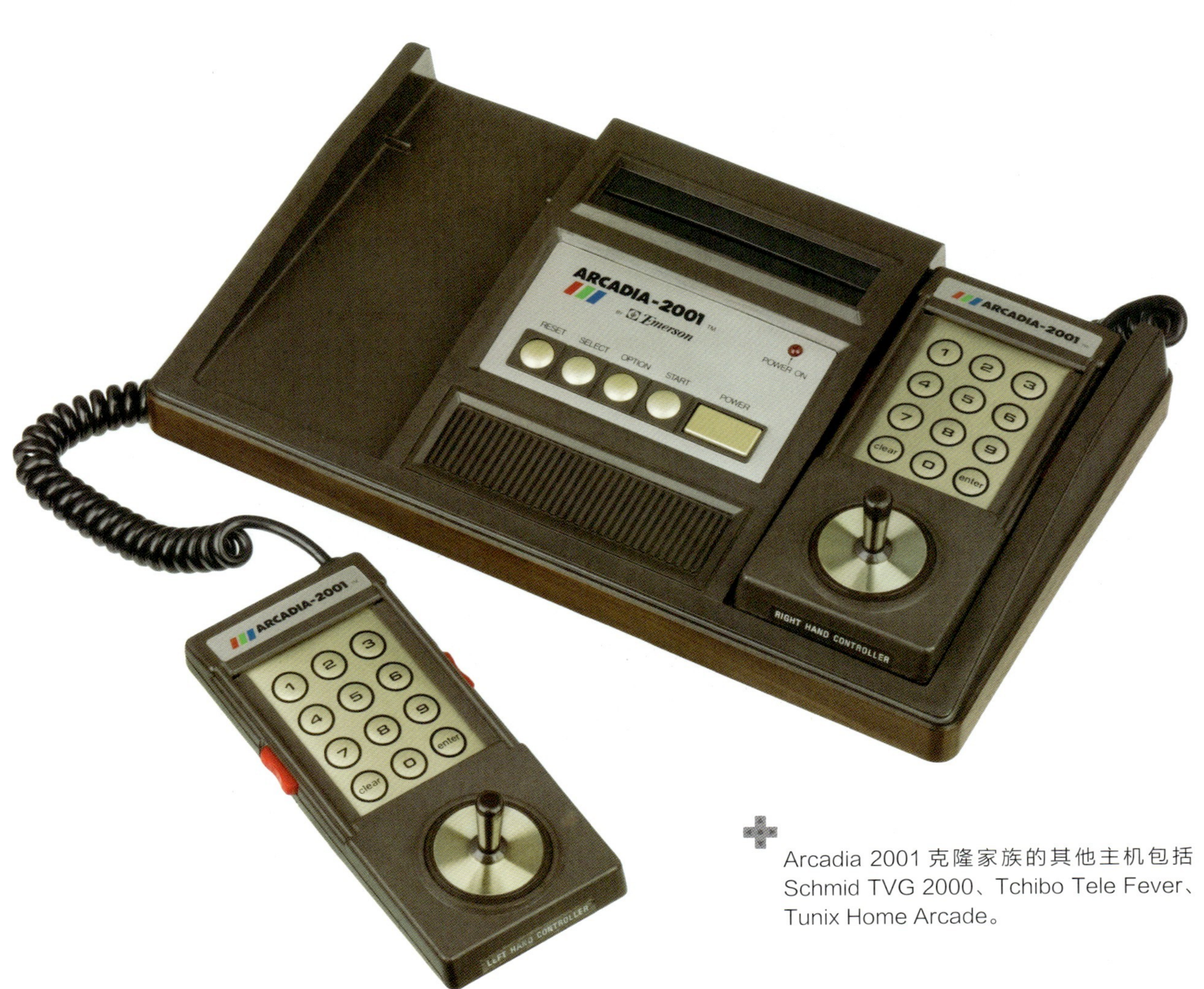

Arcadia 2001 克隆家族的其他主机包括 Schmid TVG 2000、Tchibo Tele Fever、Tunix Home Arcade。

ZX Spectrum

1982

上市售价：125 英镑 (16 KB), 175 英镑 (48 KB)	**总销量：**400 万 ~ 500 万台
处理器：Zilog Z80A（3.5 MHz）	**内存：**16 KB；48 KB；128 KB（可扩展）
颜色：15 种	**游戏发售数：**超过 1500 款

ZX Spectrum（发音为“zed-x”）是英国辛克莱研究（Sinclair Research）公司基于 Zilog Z80 的系列产品中的第三款，也是最成功的一款。辛克莱研究公司优先考虑其计算机的经济性，在提供最少功能的同时，性能仍与同行相当。当 ZX Spectrum 于 1982 年推出时，这台价格低廉的计算机在年轻的程序员和游戏玩家中很快就站稳了脚跟，这些人也创造出一个充满活力的自制游戏市场。作为欧洲最受欢迎的 8 位计算机之一，ZX Spectrum 在整个 20 世纪 80 年代推出了一系列经过修改和升级的机型，并于 1992 年正式停产。

在该主机的整个生命周期中，辛克莱研究公司发布了多个型号的 ZX Spectrum，其中一些还使用了 128 KB 的内存以及内置盒式磁带驱动器。

康懋达 64

1982

上市售价：595 美元	**总销量：**超过 1700 万台
处理器：MOS 6510（1 MHz）	**内存：**64 KB
颜色：16 种	**游戏发售数：**超过 2000 款

康懋达 64 是流行的 VIC-20 的后续产品，是一款功能强大的计算机，首次亮相时价格相对较低。它拥有 64 KB 的内存、改良版的 6502 处理器，以及用于图形和声音处理的定制 MOS 芯片。这款计算机一经推出便广受欢迎，并因其强大的游戏功能赢得了相当多的拥护者。随后的降价、更广泛的零售销售渠道、比其他计算机更先进的功能，以及该主机作为游戏平台的普及性，使康懋达 64 大受欢迎，并成为有史以来最畅销的计算机。

作为芯片制造商 MOS 的所有者，康懋达公司很容易获得低成本的定制芯片。

康懋达 64C 是康懋达 64 的升级版，拥有更轻薄的外壳。

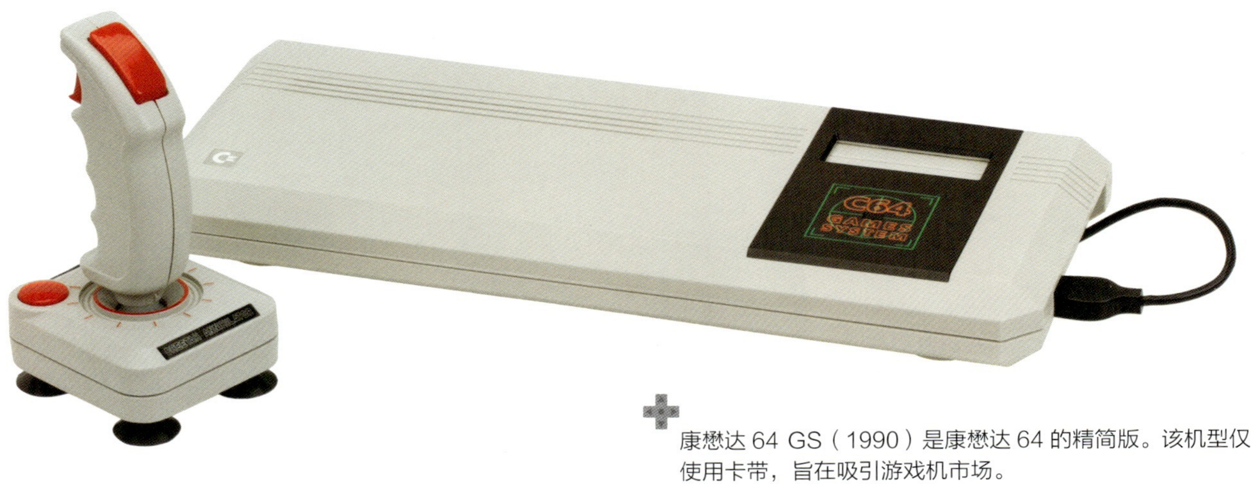

康懋达 64 GS（1990）是康懋达 64 的精简版。该机型仅使用卡带，旨在吸引游戏机市场。

康懋达 64C 和康懋达 64 GS

康懋达 64 令人难以置信的受欢迎程度使这款计算机的生产持续了十多年。它在生命周期中有过多次升级和多个衍生品，如 1987 年的康懋达 64C，它抛弃了原始康懋达 64 的标志性面包箱设计，获得了更现代的美学效果。三年后，康懋达公司试图在欧洲市场上将康懋达 64 重新包装为一款游戏机，推出了康懋达 64 GS。该机型去掉了康懋达 64 的标准键盘，放弃了盒式磁带接口，所以与现有软件的兼容性受到了极大的限制。这是一个臭名昭著的败笔，该机型的销量非常少，以至于现在它已成为许多复古游戏机收藏家的“圣杯”。

Vectrex

1982

上市售价： 199 美元	**总销量：** 7.5 万~ 10 万台（估计）
处理器： 摩托罗拉 68A09（1.6 MHz）	**内存：** 1 KB
颜色： 2 种（黑色和白色）	**游戏发售数：** 28 款

Vectrex 是一款与众不同的游戏机，内置了 9 英寸电视屏幕。该主机的专用屏幕是渲染其矢量图形的必要条件，可以在黑色背景下显示出平滑的白色线条，这在《战争地带》（*Battlezone*）和《小行星》（*Asteroids*）等街机游戏中都可以看到。与传统的基于精灵图的图像相比，这种效果非常独特，但仅限于黑白两色，所以 Vectrex 试图通过彩色盖片来弥补这一点。尽管这款游戏机具有潜力，并且拥有一批至今仍活跃的忠实拥护者，但 1983 年的电子游戏市场崩溃缩短了其寿命，它于 1984 年停产。

不使用时，Vectrex 的控制器存放在屏幕下方。

Vectrex 使用了一个标准的黑白显像管，它被改装成渲染矢量图形的设备。

ColecoVision

1982

上市售价： 179 ~ 199 美元	**总销量：** 超过 200 万台
处理器： Zilog Z80A（3.58 MHz）	**内存：** 1 KB **显存：** 16 KB
颜色： 16 种	**游戏发售数：** 超过 130 款

在 Coleco Telstar 被"《乒》时期的游戏市场崩溃"终结近四年后，Coleco 公司带着 ColecoVision 重返电视游戏市场。新主机的图像质量远超雅达利 2600 和 Intellivision 等老旧机型，并且每台主机都包含高质量的《大金刚》移植版本，这是当年最热门的街机游戏之一。这种组合很快使 ColecoVision 成为重磅产品，尽管市场问题已经初现，但销量还是大幅增长。然而，1984 年初游戏市场崩溃，Coleco 被迫在 1985 年停止了该机型的销售。后来又有一系列麻烦使该公司在 1988 年宣布破产。

凭借 Z80A 处理器和先进的视频处理器，ColecoVision 的性能可以与第三世代早期的主机相媲美。

ColecoVision 的控制器支持数字键盘覆盖，它可以通过侧面的一个小缝滑入。

模块 1 和模块 3 扩展了功能，而模块 2（见第 303 页）只是游戏控制器的一个替代品。

ColecoVision 扩展模块 1

尽管在今天看起来很疯狂，但 Coleco 和美泰都发布了附加配件，允许用户通过他们的机型玩雅达利 2600 的游戏。当时，考虑到雅达利 2600 的巨大成功和大型游戏库，兼容雅达利被认为是有帮助的。Coleco 的扩展模块使用现成的部件和 2600 的定制电视接口适配器（TIA）芯片的复制品来读取雅达利 2600 的卡带。该扩展致使雅达利提出 3.5 亿美元的诉讼，接着 Coleco 提出 5 亿美元的反诉，指控雅达利违反反垄断法。最终，两家公司庭外和解，Coleco 同意向雅达利支付许可费和版税。

Coleco 扩展模块 3——ADAM

Coleco 的 ADAM 计算机平台于 1983 年发布。作为 ColecoVision 的附加配件或专用系统，ADAM 计算机可以玩 ColecoVision 游戏，支持 BASIC 编程，并有一些生产力和教育类软件。与美泰的 Intellivision 键盘配件一样，ADAM 计算机也很难推向市场。生产和可靠性问题困扰着它的发展，导致 Coleco 一再推迟上市日期，而上市的少数几款产品又由于硬件故障被退回。ADAM 是一场灾难，导致 Coleco 损失数千万美元，再加上 1983 年的游戏市场崩溃，致使该公司退出了电子游戏和计算机行业。

每台 ADAM 都有一个很大的菊花轮打印机，打印机的电源也为整个计算机供电。

雅达利 5200

1982

上市售价：199 ~ 249 美元	**总销量：**超过 100 万台
处理器：定制版 MOS 6502（1.79 MHz）	**内存：**16 KB
颜色：256 种	**游戏发售数：**69 款

雅达利 5200 是雅达利 8 位计算机的一个稍加修改的版本，重新打包成了游戏机。尽管该游戏机具有令人印象深刻的图像、声音和雅达利强大的品牌保障，但最终还是一款麻烦重重的游戏机，没能复制 2600 的成功。5200 缺乏自己的特性，它的大部分游戏仍是以往雅达利其他机型的 8 位游戏和街机游戏。由于雅达利和大多数游戏开发商仍然专注于 2600，5200 在挣扎中迎来了 1983 年的游戏市场崩溃，这也让雅达利遇到了困难。

雅达利 5200 并没有成为 2600 的真正继承者，而是作为一个高级伙伴，提供了 2600 游戏的许多高质量版本。

雅达利 5200 是迄今为止最大的游戏机之一，机身内包含内置控制器的存放空间。

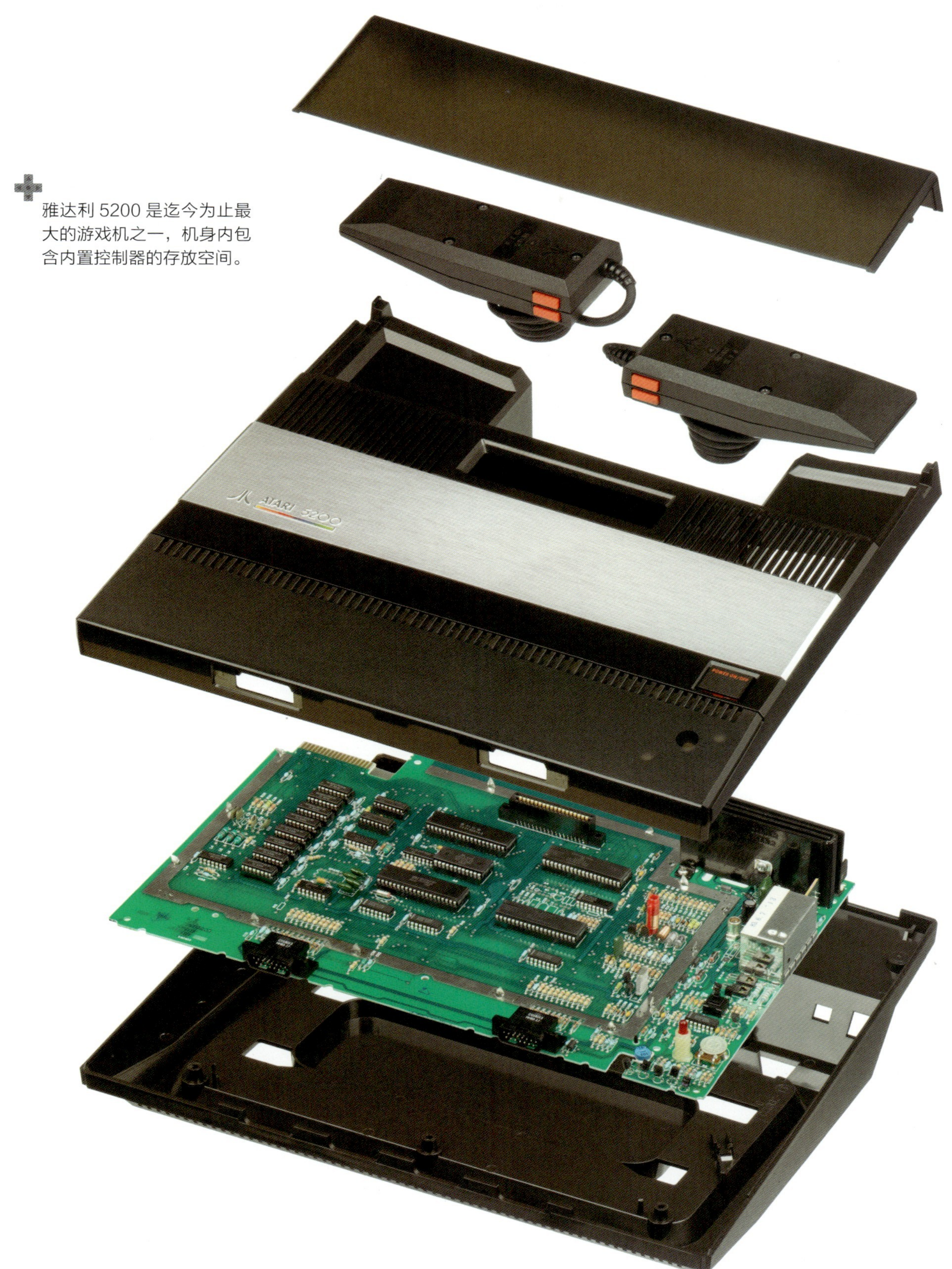

雅达利 5200 的轨迹球控制器

轨迹球是 20 世纪 80 年代早期街机游戏，如《导弹指挥官》(*Missile Command*) 和《蜈蚣》(*Centipede*) 所使用的一种替代控制方案。许多第二世代和第三世代的家用游戏机都有自己的轨迹球控制器，但没有一款像 5200 的轨迹球控制器那么大、那么多。

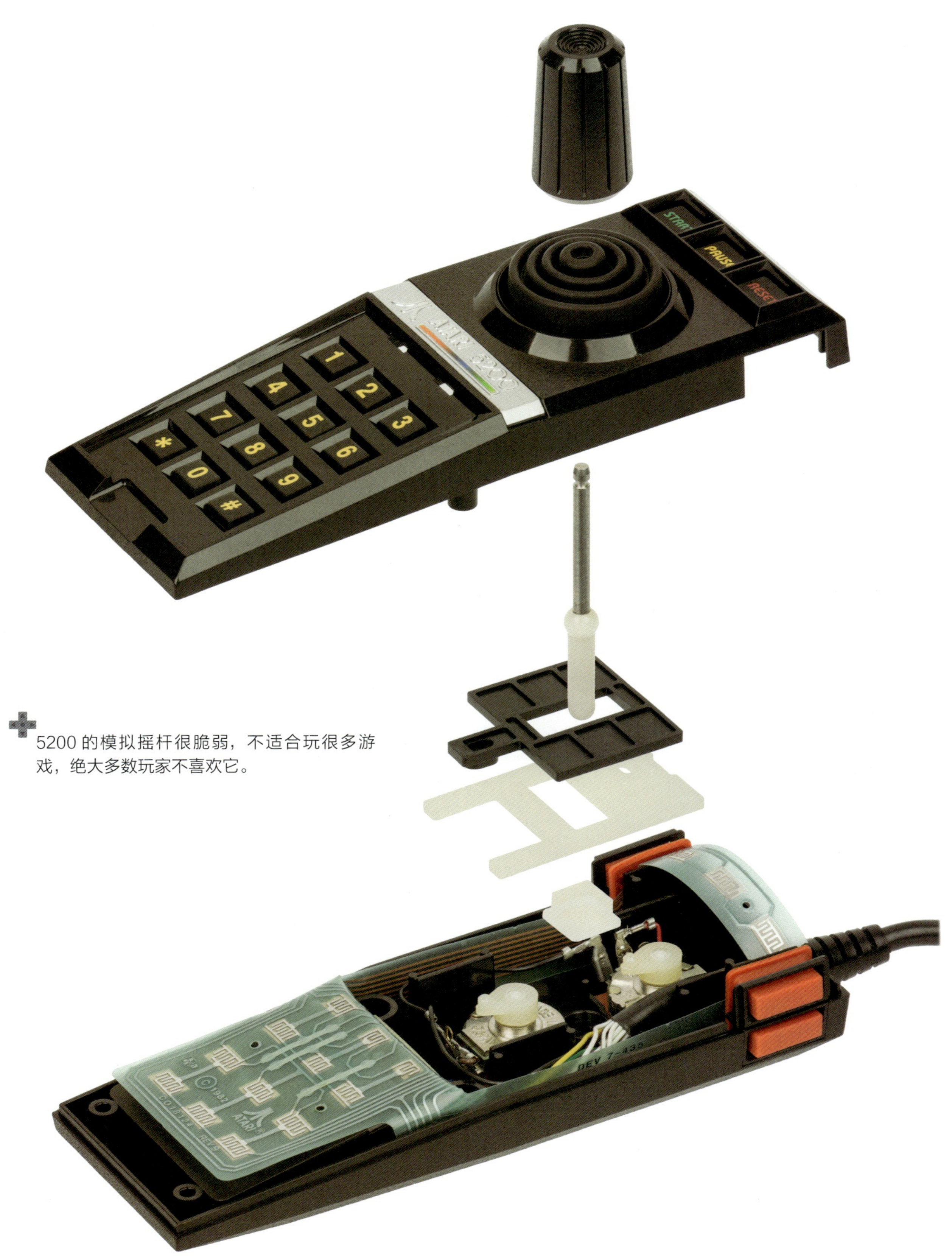

5200 的模拟摇杆很脆弱，不适合玩很多游戏，绝大多数玩家不喜欢它。

伟易达 CreatiVision

1982

上市售价： 295 美元（澳大利亚）	**总销量：** 5 万～7 万台（估计）
处理器： Rockwell 6502（2 MHz）	**内存：** 1 KB　**显存：** 16 KB
颜色： 16 种	**游戏发售数：** 20 款

CreatiVision 是中国香港伟易达（VTech）公司在欧洲、亚洲以及澳大利亚推出的计算机和游戏机的混合产品。尽管 CreatiVision 拥有不错的硬件和游戏性能，但在众多专用计算机和游戏机中未能脱颖而出，最终被康懋达 64 和 ZX Spectrum 等竞争产品超越。CreatiVision 还遭受了游戏过少的困扰，为数不多的游戏也是热门游戏的仿品。因 CreatiVision 的销量一直没有起色，伟易达公司最终放弃了混合机型，转而专注于专用计算机和寓教于乐的学习型游戏机。

CreatiVision 在世界各地以不同的名称出售。在澳大利亚，它被称为 Dick Smith Wizzard。

Entex Adventure Vision

1982

上市售价：79 美元	**总销量：**2000 ~ 5000 台（估计）
处理器：英特尔 8048（0.73 MHz）	**内存：**不适用
颜色：2 种（黑色和红色）	**游戏发售数：**4 款

Adventure Vision 是美国玩具公司 Entex 推出的一款基于卡带的桌面游戏机。该主机独特的显示器使用了 40 个红色 LED，通过将光反射到高速振荡镜上，营造了以每秒 15 帧的速度完整显示 150 像素 ×40 像素的图像的错觉。这种设计使 Adventure Vision 的分辨率大大提高，但也使系统难以在明亮的环境中运行。最终，Adventure Vision 被大多数玩家忽视了，在电子游戏市场崩溃导致 Entex 倒闭之前，仅卖出了少量的产品。

对于收藏家来说，Adventure Vision 是最稀有的游戏机之一，在拍卖会上很容易就能卖到 1500 美元以上。

Tomy Tutor

1982

上市售价： 149 美元	**总销量：** 12 万～ 14 万台（估计）
处理器： 德州仪器 TMS-9995NL（2.7 MHz）	**内存：** 16 KB
颜色： 16 种	**游戏发售数：** 超过 40 款

Tomy Tutor 是日本玩具制造商 Tomy 公司开发的个人计算机，1982 年在日本以“ぴゅう太”（pyuta）的名字发布。这款家用计算机基于 16 位的德州仪器处理器，提供 BASIC 和卡带游戏，还有 Tomy 和科乐美（Konami）开发的小游戏。在美国，由于雅达利和康懋达等计算机的流行，它被忽视了，但在日本的表现要好一些，有了两款升级版。不过，Tomy 公司在 1985 年停止了对该主机的支持。

大部分 Tomy Tutor/Pyuta 是在日本销售的，这使得美国版非常罕见。

美泰水瓶座

1983

上市售价： 159 美元	**总销量：** 2 万 ~ 3 万台（估计）
处理器： Zilog Z80A（3.5 MHz）	**内存：** 4 KB
颜色： 16 种	**游戏发售数：** 44 款

美泰水瓶座（Mattel Aquarius）是美泰销售的 8 位计算机，它与 Intellivision 一样，由中国香港的 Radofin 电子公司开发和生产。在 1983 年发布时，这台计算机被游戏评论员嘲笑，说它功能少、配置低、图形能力极其有限。对美泰来说，水瓶座是一个巨大的失败，他们在几个月后就放弃了这款新计算机。美泰公司依照制造合同向 Radofin 电子公司支付了费用，然后彻底切断了和这台计算机的联系。这使得水瓶座回到了 Radofin 电子公司手中，而 Radofin 电子公司自己也没能成功地销售该主机。

水瓶座的配件包括盒式磁带、热敏打印机、内存卡带和迷你扩展器，后者添加了游戏控制器接口。

1983 年电子游戏市场崩溃

1982 年，美国游戏市场愈发拥挤。大量的主机和游戏发行商试图追赶雅达利的成功，这导致市场上充斥着低质量的游戏，消费者也产生了困惑。消费者不知道该买什么游戏机，该买什么游戏，而且他们购买的许多游戏都制作粗糙且无聊。更糟糕的是，即使是雅达利官方的知名度很高的游戏，如《吃豆人》和《E.T. 外星人》也导致了严重的商业灾难，损害了公众对电子游戏的普遍认知。到了 1982 年的假日促销季，游戏市场完全饱和，游戏需求直线下降。这一变化对那些根据前一年的销售额为圣诞节制订生产计划的公司来说是灾难性的，许多公司被迫退出市场，大量倾销产品。

由于游戏和硬件供应过剩，零售商大幅降价促销。这造成了“死亡螺旋”，仍然留在市场上的公司无法竞争或保持盈利，被迫退出市场，并倾销他们的产品。后果是严重的，仅仅几个月，美国最热门的产业就变成了一片荒地。幸存下来的第三方游戏发行商转而制作计算机游戏。美泰和米罗华停产了游戏机，并关闭了电子游戏部门。Coleco 从电子游戏转向专注于玩具和计算机产品线。雅达利在 1984 年出售给新东家前经历了多次重组，但它再也无法重现辉煌时期的成功。随着游戏市场领导者——美国的离去，市场的大门向日本敞开，日本人进入并占领了这个市场。

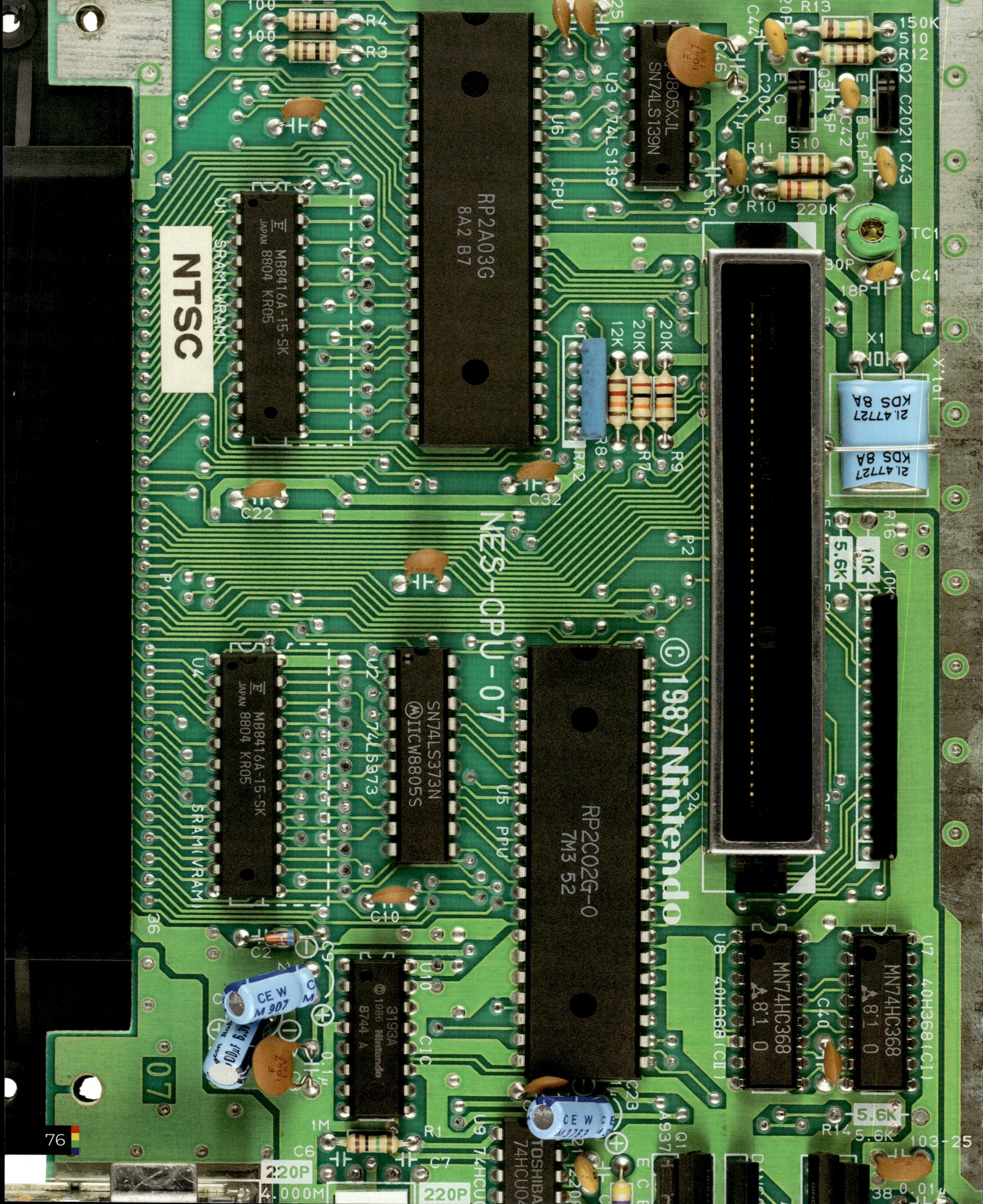
NTSC
RP2A03G
RP2C02G-0
NES-CPU-07
©1987 Nintendo

第三世代

虽然北美的游戏市场崩溃了，但在日本，当地公司用原创游戏和主机创造了自己蓬勃发展的游戏产业。主导日本主机市场的是任天堂，它在 1985 年底将其 Famicom 带到美国，并重新命名为任天堂娱乐系统（NES）。美国游戏市场在崩溃后死气沉沉，但任天堂凭借《超级马力欧兄弟》(*Super Mario Bros.*）和《塞尔达传说》(*The Legend of Zelda*）等第一方游戏，引起了人们对其 NES 游戏机的兴趣。凭借人们口口相传日本开发商的热门游戏以及大批年轻玩家的推动，NES 重振了游戏市场。从那时起，任天堂和其他日本开发商，如卡普空和科乐美，将游戏行业推向新高，并使日本成为主机游戏的新领导者。

雅达利 7800 的主板（上图），NES 的主板（左页图）

世嘉 SG-1000

1983

上市售价：1.5 万日元	**总销量：**超过 100 万台
处理器：NEC 780C（3.58 MHz）	**内存：**1 KB　**显存：**16 KB
颜色：16 种	**游戏发售数：**超过 70 款

SG-1000 是世嘉推出的首款游戏机。世嘉是一家以电子街机游戏闻名的日本娱乐公司。SG-1000 主要在日本销售，它开启了主机的新时代，用更大、更多彩、更详细的精灵图，向玩家提供更复杂的电子游戏。世嘉的游戏机面临着日本蓬勃发展的游戏机市场上的激烈竞争，最终被任天堂的新主机 Famicom 盖过了风头。尽管 SG-1000 并未完全失败，但世嘉仍在不断修改和更新以保持其竞争力，最终将其升级为 Master System 在全球首次发布。

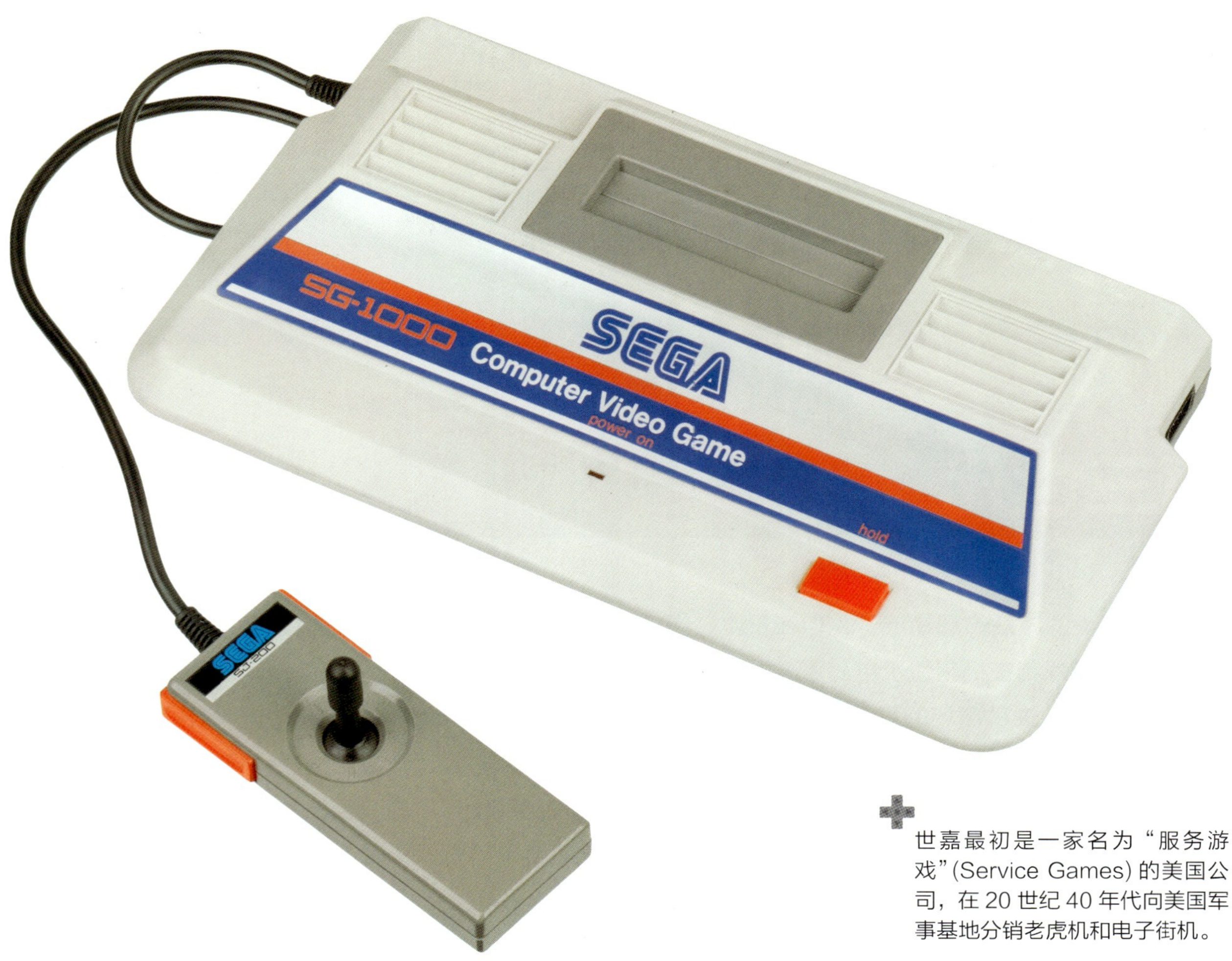

世嘉最初是一家名为“服务游戏”(Service Games) 的美国公司，在 20 世纪 40 年代向美国军事基地分销老虎机和电子街机。

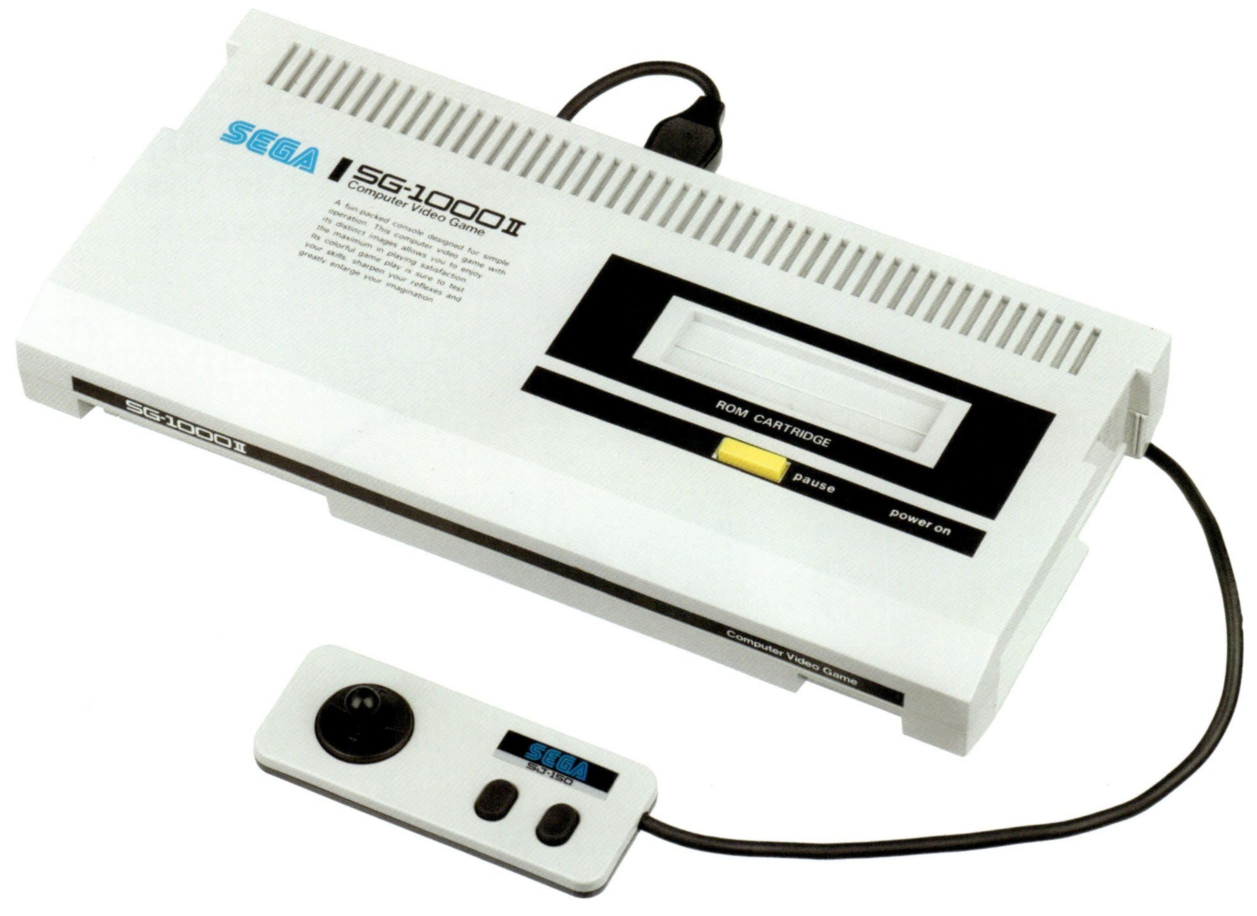

1984 年，世嘉还为 SG-1000 发售了一款键盘配件，使用它可以实现 BASIC 编程和有限的计算机功能。

世嘉 SG-1000 Mark II

在 SG-1000 受到冷遇后，世嘉迅速开发并在一年后发售了 Mark II。更新后的主机在内部是相同的，但具有新的外观和一些调整，如面向前方的扩展口和完全可拆卸的控制器。Mark II 还借鉴了 Famicom 的一些设计，将摇杆换成了可以存放在游戏机两侧的手柄。

任天堂 Famicom

1983

上市售价：1.48 万日元	**总销量：**超过 6100 万台
处理器：定制版 Ricoh 2A03（1.79 MHz）	**内存：**2 KB **显存：**2 KB
颜色：54 种	**游戏发售数：**超过 1000 款

Famicom 是“家庭计算机”（Family Computer）的缩写，是任天堂的第一款游戏机，仅在日本发售。尽管与其他新的 8 位游戏机和计算机竞争得很激烈，但 Famicom 凭借强大的第一方游戏阵容和创新的控制器脱颖而出。到 1985 年，Famicom 已经完全主宰了市场，为了让他们的游戏进入该主机，第三方开发者愿意签署限制性的独家协议。任天堂在日本大获全胜，并且拥有《超级马力欧兄弟》等独占的热门游戏，于是他们准备在全球发布该主机。这开启了一个新的游戏机时代。

Famicom 控制器的连接线长度只有 76 厘米左右（30 英寸）。

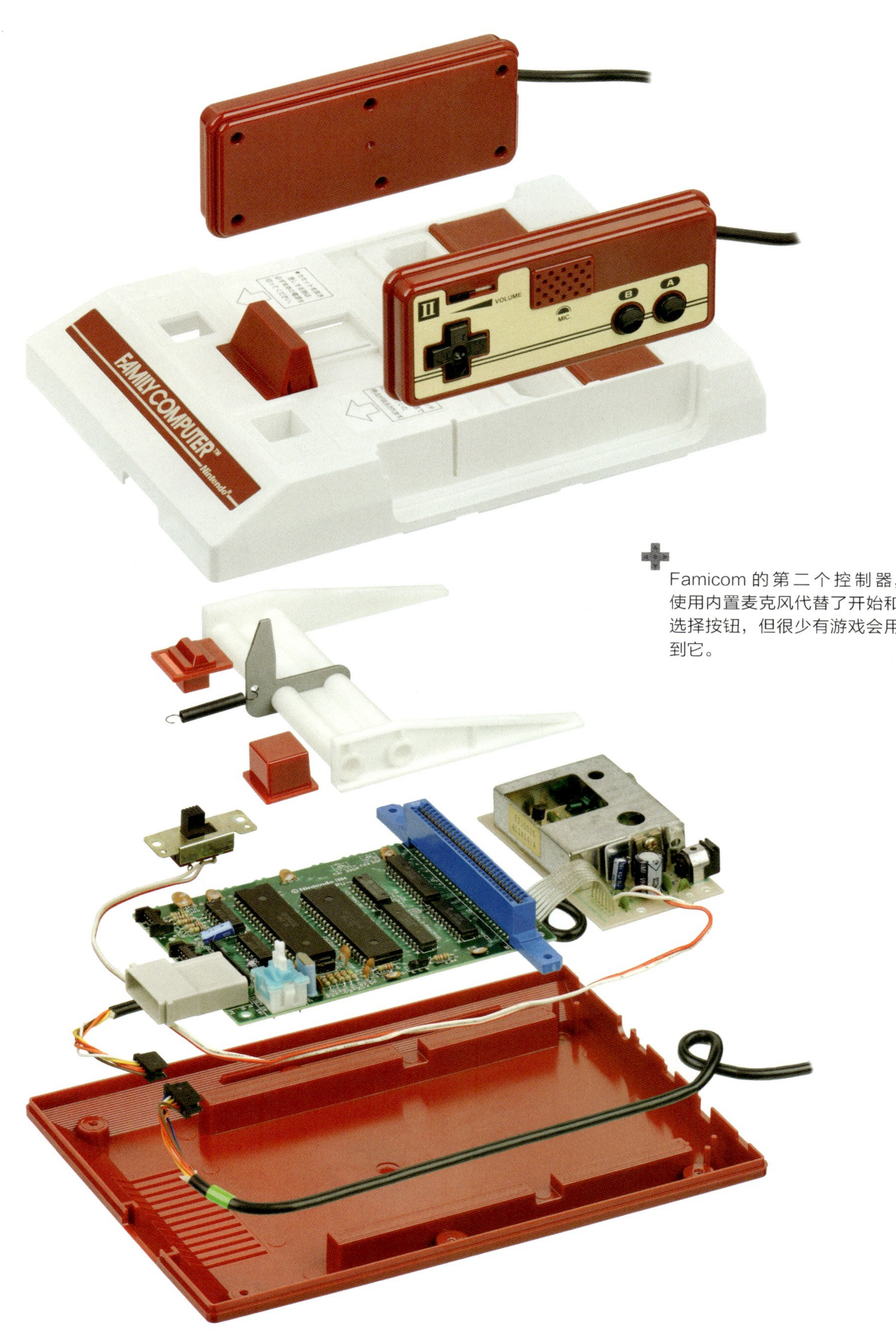

Famicom 的第二个控制器，使用内置麦克风代替了开始和选择按钮，但很少有游戏会用到它。

Famicom 的磁盘系统

任天堂为 Famicom 生产了日本独有的各种附加配件，包括调制解调器、3D 眼镜和用于 BASIC 编程的键盘。另一个独有配件是磁盘系统，它使游戏的载体变为可重写的专有软盘。这使得《银河战士》和《塞尔达传说》等游戏能够保存进度，玩家也可以通过磁盘购买便宜的游戏。玩家可以购买一张空白磁盘，将其插入任天堂设置的售卖点，然后支付少量费用就可以将完整的游戏写入其中。

磁盘系统采用增强的声音硬件，与国际版的卡带相比，《塞尔达传说》等磁盘版游戏具有不同的音轨。

Twin Famicom 系列有红色和黑色的外壳。

夏普 Twin Famicom

自 20 世纪 60 年代以来，日本电子公司夏普一直以零部件供应商的身份与任天堂合作。到了 20 世纪 80 年代，夏普转变成了任天堂的硬件被许可方。当时夏普生产了一些独特的 Famicom 的衍生机型，其中一种是内置 Famicom 的夏普电视，而 Twin Famicom 系列将 Famicom 磁盘系统和主机组合在了一起。

卡西欧 PV-1000

1983

上市售价： 1.48 万日元	**总销量：** 5000 ~ 10 000 台（估计）
处理器： NEC D780C-1（3.58 MHz）	**内存：** 2 KB
颜色： 8 种	**游戏发售数：** 13 ~ 15 款

PV-1000 是日本卡西欧公司推出的首款家用游戏机。卡西欧公司以生产计算器、手表和专用的 LCD 手持游戏机闻名。PV-1000 仅在日本发布，是一款基于 Zilog Z80 处理器的主机（SG-1000 和 Super Cassette Vision 也是基于 Z80 的），但与其他游戏机相比，其实际性能更差。PV-1000 的图像和声音质量更接近于第二世代的游戏机，色彩较少，音乐也比较刺耳。PV-1000 的销量不佳，发布仅几个月后就停产了。

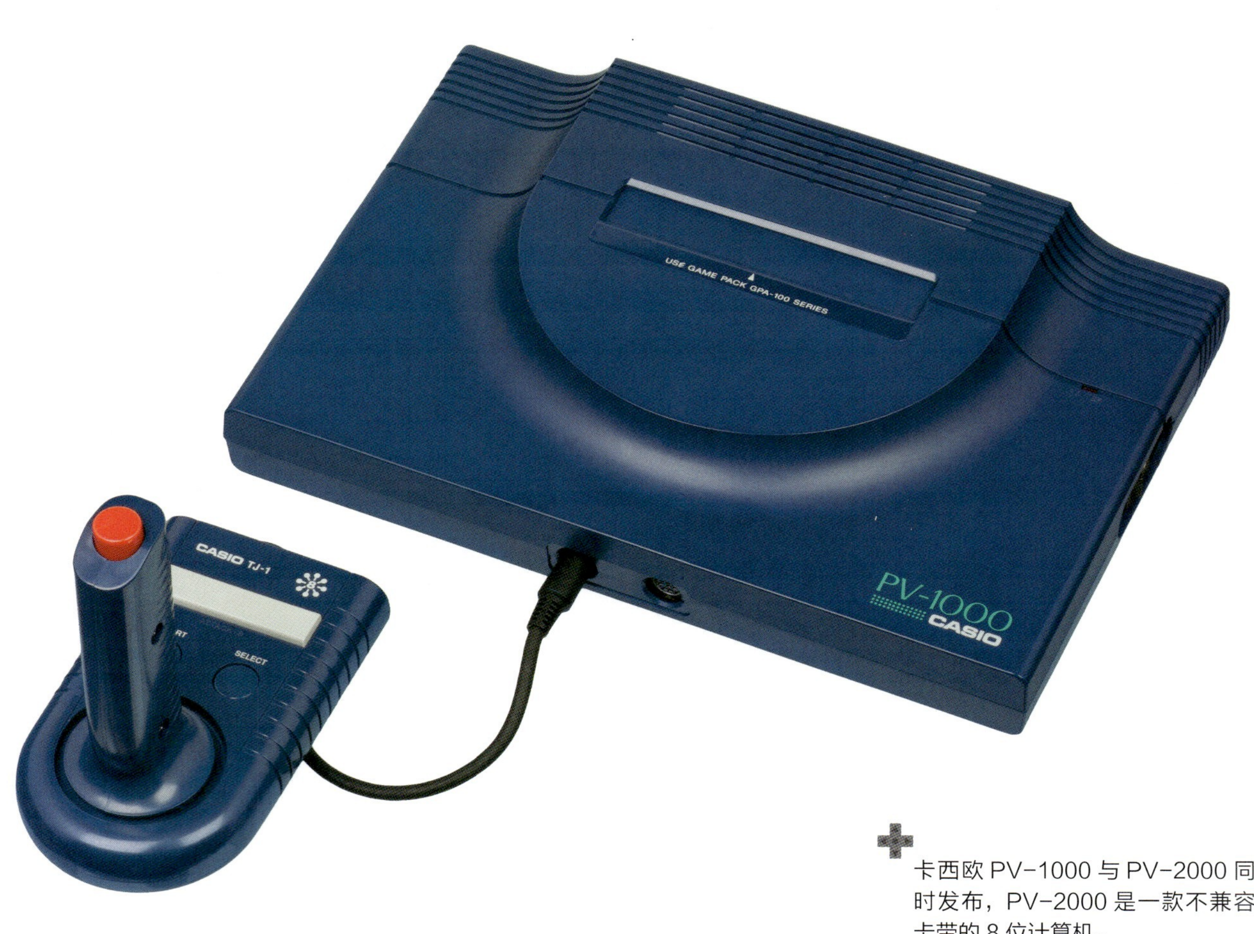

卡西欧 PV-1000 与 PV-2000 同时发布，PV-2000 是一款不兼容卡带的 8 位计算机。

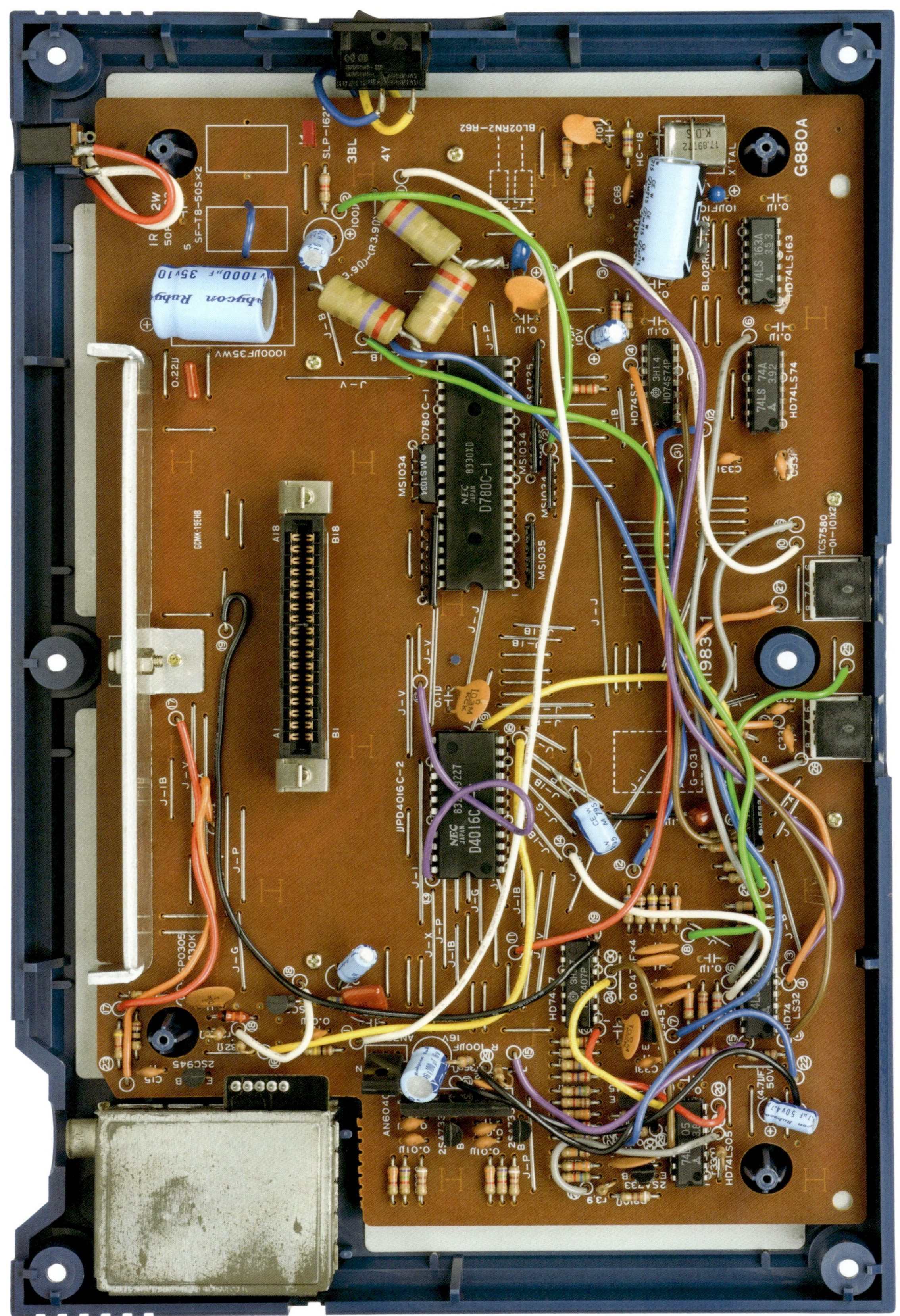

MSX

1983

上市售价： 5.5 万 ~ 7.5 万日元	**总销量：** 500 万台（所有机型）
处理器： Zilog Z80A（3.58 MHz）	**内存：** 最小 8 KB　**显存：** 最小 16 KB
颜色： 16 种	**游戏发售数：** 超过 1000 款

MSX 是微软和 ASCII 共同开发的计算机标准，主要流行于亚洲和南美洲。基于微软的 BASIC 和标准化硬件，有十几家电子制造商推出了不同型号的 MSX 计算机。虽然计算机的软件是相互兼容的，但制造商们通过增加诸如激光光盘或 MIDI 接口等功能来为自己的产品实现差异化。MSX 在日本最受欢迎，科乐美和哈德森的工作室都为该平台制作了原创游戏。8 位的 MSX 标准在 20 世纪 80 年代进行过更新，但最终被现代 16 位计算机和 IBM PC 标准所取代。

索尼只是制造 MSX 计算机的公司之一，其他的制造公司包括三洋、东芝、卡西欧、佳能、松下和雅马哈。

TMS9118NL
MW△43205
YAMAHA
D8255AC-5
SONY
PU-27
LH0080A
SHARP
OMRON
SONY
MADE IN JAPAN
PS-87
1-614-363-11
GCMK-36Y
100V 17V 23VA
1-447-996-11
MADE IN JAPAN
6 49.3 TK
SONY
MADE IN JAPAN
GCMK-36Y

Game Pocket Computer

1984

上市售价：1.2 万日元	**总销量：**1.5 万～ 3 万台（估计）
处理器：NEC D78C06（6 MHz）	**内存：**2 KB
颜色：2 种（黑色和白色）	**游戏发售数：**5 款

Game Pocket Computer 是第一款真正意义上的掌上游戏机，由 Epoch 于 1984 年在日本发售。不同于 Microvision 或 Super Micro 将处理器放在游戏卡带中，Game Pocket Computer 有一个内置的微处理器，并在可替换的 ROM 卡带中运行游戏代码。该主机采用了一个分辨率为 75 像素 ×64 像素的黑白液晶屏幕，和以前的手持设备相比，可以提供更逼真、更动态的游戏。然而，Epoch 的 Game Pocket Computer 在日本玩家中并不受欢迎，这款掌机在发布了 5 款游戏后就停产了。

Epoch Game Pocket Computer 配备了一款滑动拼图游戏和一个内置的绘画程序。

Super Cassette Vision

1984

上市售价：1.48 万日元	**总销量：**20 万 ~ 30 万台（估计）
处理器：NEC D7801G（3.58 MHz）	**内存：**128 B **显存：**4 KB
颜色：16 种	**游戏发售数：**30 款

Super Cassette Vision 是 Cassette Vision 的后续产品，Cassette Vision 是 Epoch 公司 1981 年推出的一款成功的游戏机，但很快就被第三世代中的日本游戏机新浪潮所淹没。Super Cassette Vision 升级为基于微处理器的设计，使其在功能上与其他主机不相上下。然而，尽管推出了《哆啦 A 梦》和《鲁邦三世》等热门动漫作品的独家游戏，Super Cassette Vision 在拥挤的日本市场还是以失败告终了。到 1987 年，Epoch 退出了家用主机行业，专注于为其他主机制作游戏。

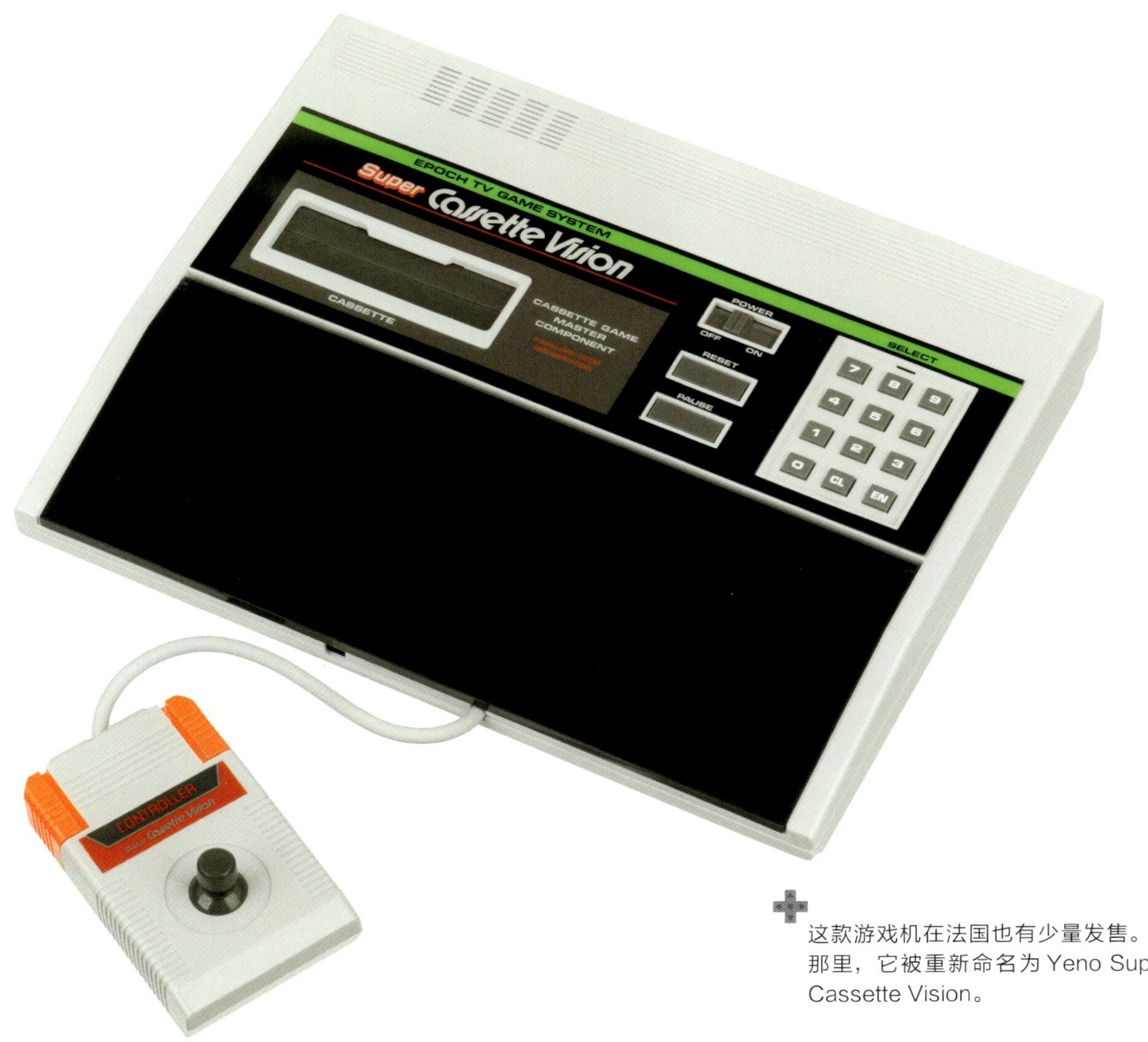

这款游戏机在法国也有少量发售。在那里，它被重新命名为 Yeno Super Cassette Vision。

Super Micro

1984

上市售价： 59 美元（包含游戏和 LightPak）	**总销量：** 5000 ~ 7000 台（估计）
处理器： 未知	**内存：** 未知
颜色： 2 种（黑色和白色）	**游戏发售数：** 3 款

Super Micro 是 Palmtex 公司推出的掌上游戏机。这家总部位于美国加州的游戏经销商在 1982 年引进任天堂 Game & Watch，取得了初步的成功。此后，Palmtex 便开始开发自己的掌机。该掌机的开发始于 1983 年游戏市场崩溃时，当时 Palmtex 的财务状况非常糟糕，电子游戏的销量下降。由于没有吸引到投资者，Super Micro 在低迷的市场上连广告都没怎么做就退出去了。不过，因为只卖出了几千台，对于现代收藏家来说，Super Micro 是一款罕见的游戏机，即便现在大多数 Super Micro 已经出现了硬件故障。

和 Microvision 一样，游戏卡带也集成了手持设备的处理器和屏幕叠加功能。

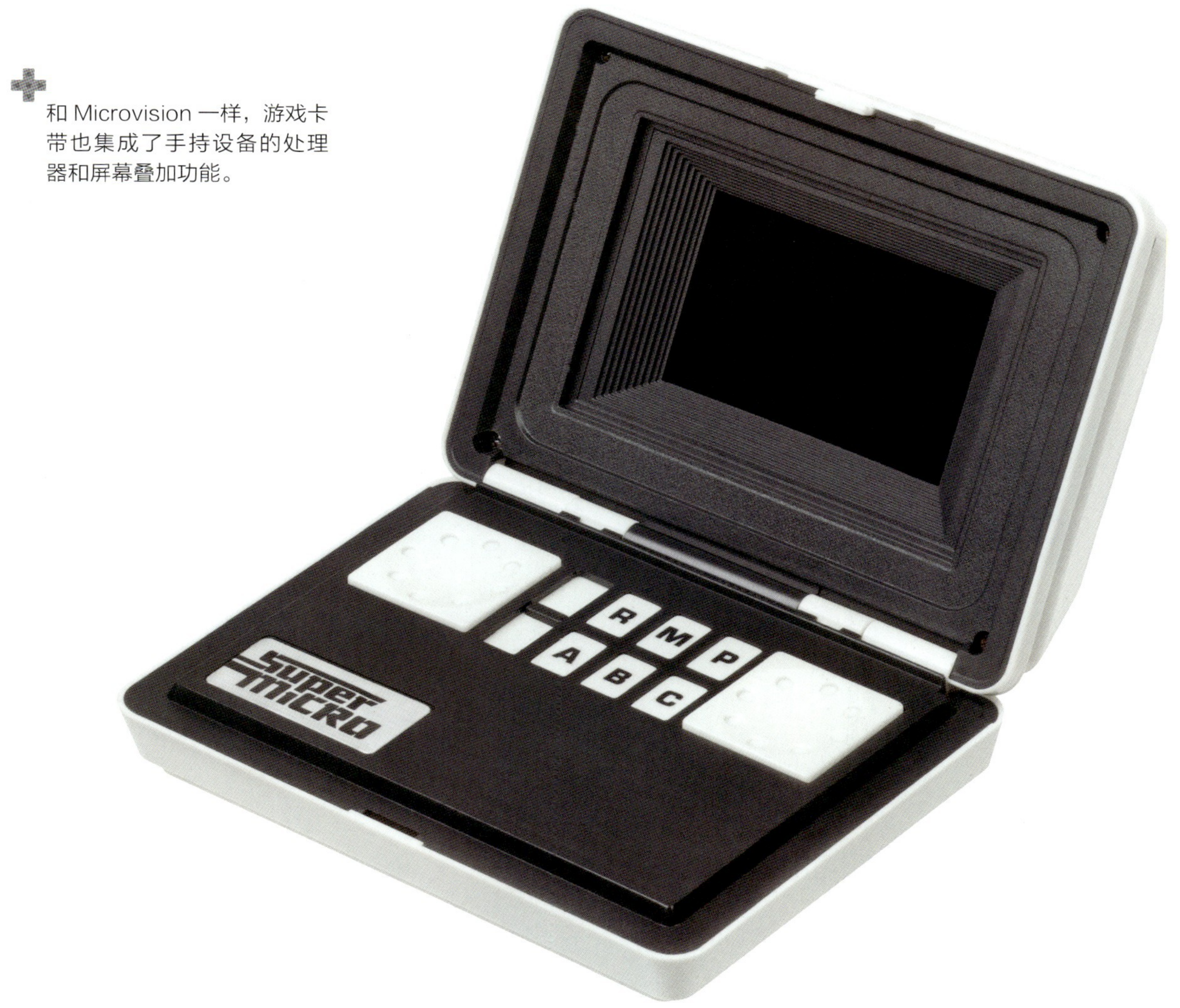

RDI Halcyon

1985

上市售价： 2195 美元	**总销量：** 从未正式发售
处理器： Zilog Z80	**内存：** 未知
颜色： 未知	**游戏数：** 2 款

RDI Halcyon 是一款从未正式发售的游戏机，由热情的发明家和游戏开发者里克·戴尔（Rick Dyer）所发明。里克·戴尔想要开发一款名为 *Shadoan*、有华丽动画的史诗奇幻游戏，但首先他开发了一个规模较小的衍生游戏——*Dragon's Lair*。这是一款基于 LD 光盘的街机游戏，获得了巨大的成功，为里克·戴尔提供了打造自己的 LD 系统所需的资金，从而帮助他去完成完整版的 *Shadoan*。RDI Halcyon 的制作成本高昂，而且在这款游戏机正式发布前，里克·戴尔的公司因破产而倒闭了，所以只有极少的 RDI Halcyon 被生产了出来。

1985 年，RDI Halcyon 曾作为游戏节目《世纪拍卖》（*Sale of the Century*）的奖品。

任天堂娱乐系统

1985

上市售价：139 ~ 179 美元（含 R.O.B. 和光枪）	**总销量：**超过 6100 万台（包含 Famicom）
处理器：定制版 Ricoh 2A03（1.79 MHz）	**内存：**2 KB　**显存：**2 KB
颜色：54 种	**游戏发售数：**超过 700 款

任天堂娱乐系统（Nintendo Entertainment System，简称 NES）是一款经过改造的 Famicom 游戏机，任天堂于 1985 年末将其引入美国。当时，NES 进入了一个自 1983 年崩溃后仍未恢复的休眠游戏市场，但它通过有趣和独特的游戏迅速确立了自己的地位。凭借强大的第一方游戏、大量独占的第三方游戏和畅销的游戏角色，任天堂的主机复兴了游戏产业。NES 仅在美国就售出了 3000 多万台，将游戏机市场推向新高，使任天堂和日本成为新的游戏产业领导者。

任天堂的标志性控制器很快被竞争对手复制，这标志着摇杆控制器时代的结束。

R.O.B.

当任天堂将其游戏机带到北美时，当地的零售商对电子游戏仍持谨慎态度。为了减轻零售商的担忧，任天堂早期对 NES 的推广主要围绕着 R.O.B.（机器人操作伙伴），一种可动的机器人配件进行，旨在吸引儿童并将游戏机作为玩具展示。后来，任天堂通过试销 NES，向零售商证明了这款游戏机可以销售，而且电子游戏仍然是一个可行的市场。随着 NES 的兴起，R.O.B. 变得越来越没有必要，到 1988 年，机器人玩具已经被彻底淘汰。

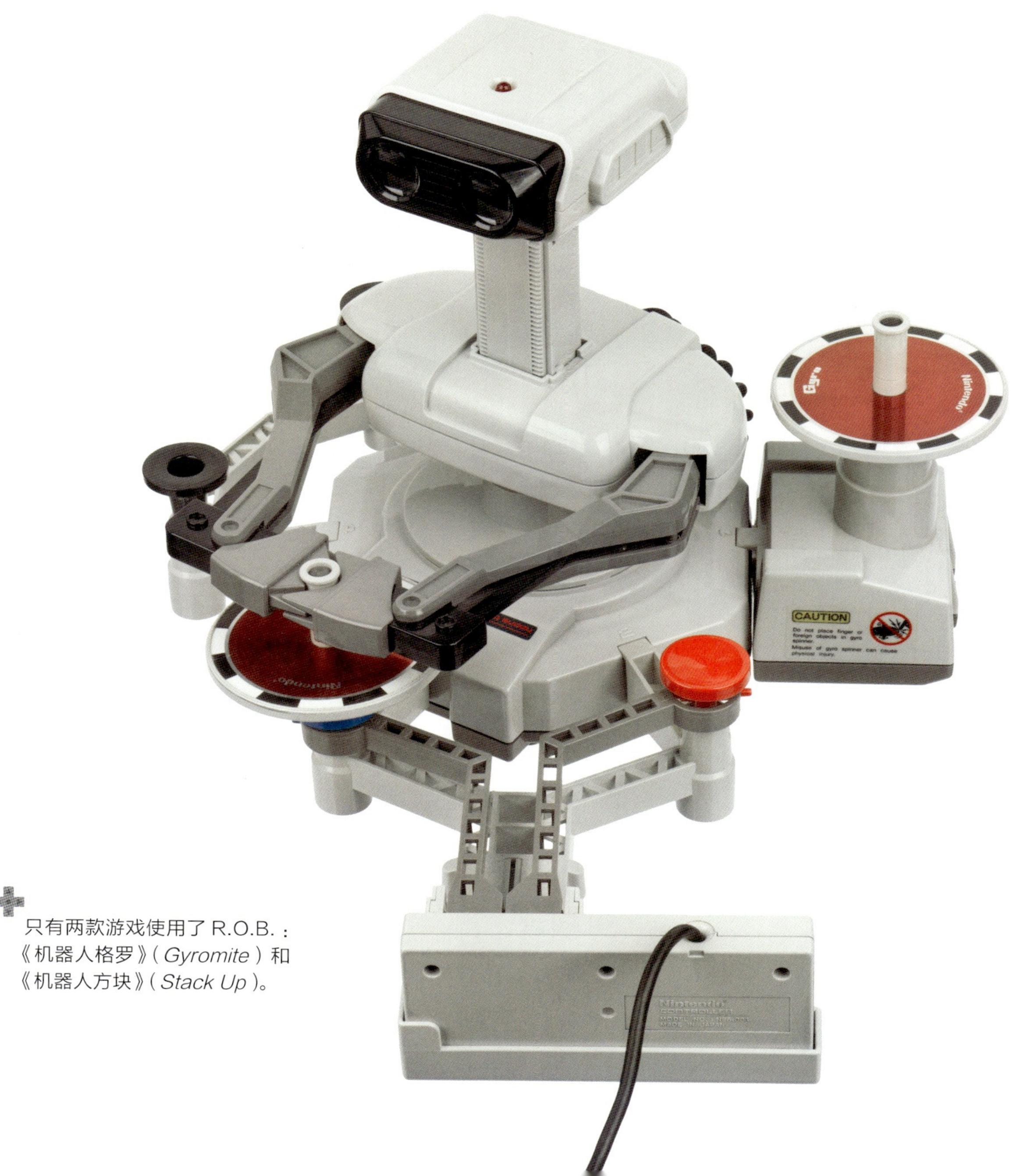

只有两款游戏使用了 R.O.B.：《机器人格罗》（*Gyromite*）和《机器人方块》（*Stack Up*）。

在美国，许多 NES 游戏机都配有 Zapper 光枪和《打鸭子》游戏。1988 年，为了适应新的法规对玩具枪外观的监管，这款猎枪将颜色改为橙色。

世嘉 Master System

1986

上市售价：129 美元	**总销量：**超过 2000 万台
处理器：NEC 780C（3.58 MHz）	**内存：**8 KB　**显存：**16 KB
颜色：64 种	**游戏发售数：**超过 340 款

Master System 是世嘉为全球市场重新设计和加强的 SG-1000 游戏机。Master System 拥有了更大的内存和升级的视频处理器，提供了比主要竞争对手 NES/Famicom 更好的图形效果。尽管 Master System 在技术上更优越，并且提供了具有竞争力的游戏（包括世嘉的独占游戏），但它仍无法打入任天堂主导的北美和日本市场。然而，这款游戏机在欧洲和南美（任天堂在这两个地区表现较差）大获成功，销量超过 NES，成为这一代游戏机里的领军者。

Master System 基于日本世嘉的 Mark III——世嘉的第三版 SG-1000 主机。

有些游戏的载体不是卡带式的，而是薄卡片式的，这种薄卡片可以插进主机前面的插槽中。

雅达利 7800

1986

上市售价： 79 美元	**总销量：** 超过 350 万台
处理器： 定制版 MOS 6502C（1.79 MHz）	**内存：** 4 KB
颜色： 256 种	**游戏发售数：** 58 款

7800 是雅达利的第三款游戏机，原本打算在 1984 年作为陷入困境的 5200 的继任者匆忙发布。然而，雅达利的新管理层搁置了已完成的 7800，直到 1986 年年中才将其发布。当它发布时，雅达利还没有准备好与任天堂竞争，7800 的游戏库里装满了重置的街机游戏，难以吸引新玩家。最终，由于雅达利的衰弱、第三方游戏的匮乏以及 NES 的极度流行，雅达利 7800 在北美市场的排名远远落后。

7800 能够在没有适配器的情况下玩雅达利 2600 游戏，这使它成为第一台提供本地向下兼容功能的主机。

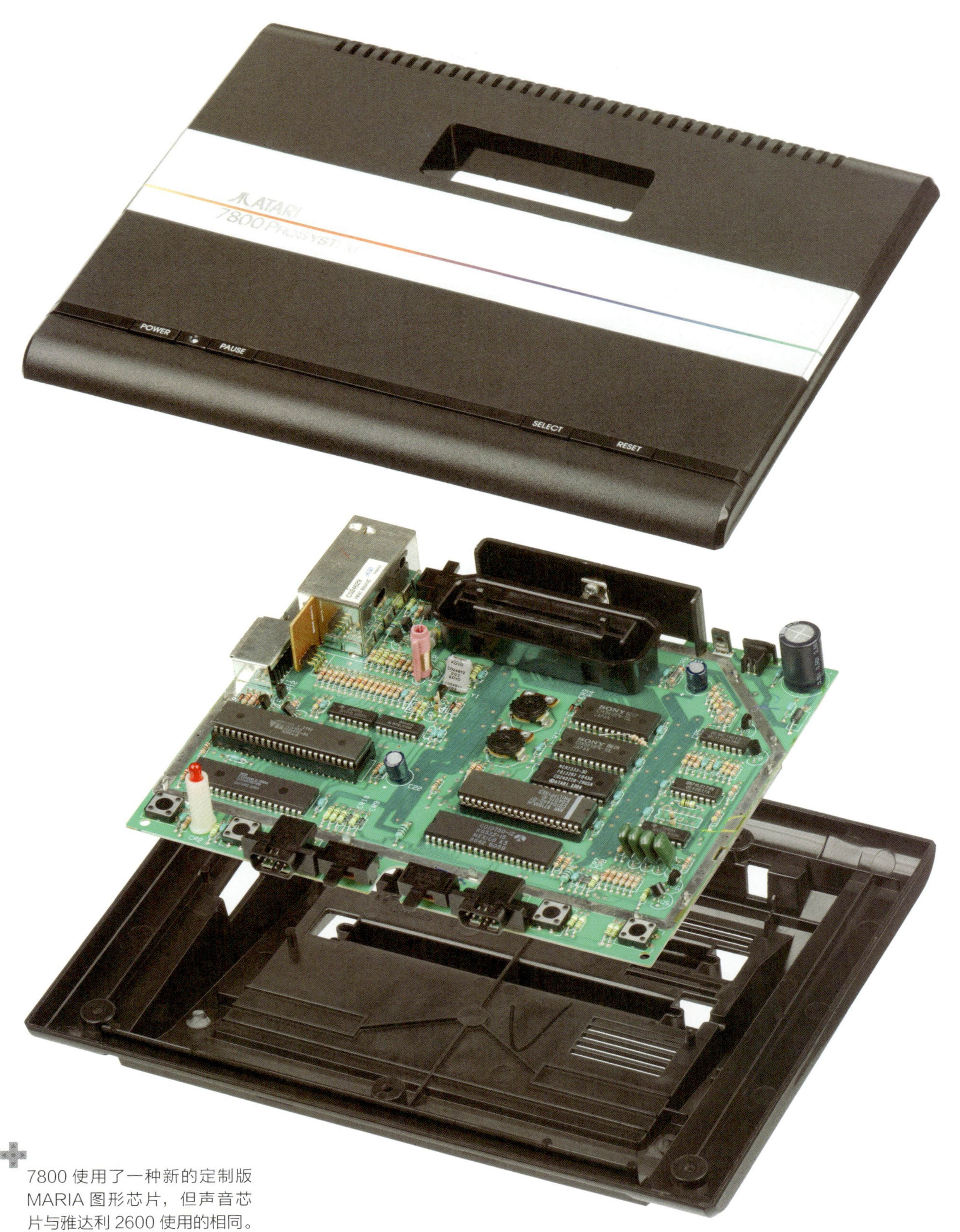

7800 使用了一种新的定制版 MARIA 图形芯片，但声音芯片与雅达利 2600 使用的相同。

雅达利 XE Game System

1987

上市售价： 159 美元

总销量： 8 万 ~ 10 万台（估计）

处理器： 定制版 6502C（1.79 MHz）

内存： 64 KB　**显存：** 16 KB

颜色： 256 种

游戏发售数： 32 款

雅达利 XE Game System（简称 XEGS）是将雅达利 65XE 计算机重新包装和整合后的版本，而 65XE 计算机本身也是 1978 年雅达利 800 的升级版。与雅达利 5200（也是基于雅达利 8 位计算机）不同，XEGS 可以直接兼容许多雅达利计算机游戏和外围设备。然而，针对该主机开发的独占游戏却很少，XEGS 的绝大多数游戏是老旧游戏的重制版。由于游戏陈旧，广告宣传少，人们对 8 位计算机的兴趣逐渐减退等，XEGS 成了雅达利又一个失败的作品，很快就被雅达利放弃了。XEGS 剩余的库存则在发行一到两年后就被处理了。

雅达利 XEGS 内置了游戏《导弹指挥官》。

Mirai 模型目前收藏于美国得克萨斯州弗里斯科的美国国家电子游戏博物馆。

雅达利 Mirai

雅达利 Mirai 是一个神秘的样机模型，在雅达利破产后落入私人收藏家手中。除了它创建于 20 世纪 80 年代末，使用与雅达利 XE Game System 相同的设计方案外，人们对该机型知之甚少。大多数人认为雅达利给 Mirai 设计巨大盒式插槽是为了与日本街机公司 SNK 合作，将后者的 Neo Geo MVS 带到美国市场。

LJN Video Art

1987

上市售价： 99 美元	**总销量：** 5 万 ~ 7 万台（估计）
处理器： 摩托罗拉 6805	**内存：** 16 KB
颜色： 16 种	**游戏发售数：** 9 款

LJN 是一家玩具公司和软件开发商，在 20 世纪 80 年代和 90 年代早期制作流行电影、摔角和漫画相关的产品。它的第一款、也是唯一一款电子游戏硬件产品是 Video Art，一款专注于数字涂色的儿童游戏机。用户用摇杆在屏幕上画画，颜色选择有 16 种。还有一些卡带可以作为数字涂色书使用，其主题多样，从普通的玩偶和动物，到迪士尼、乐一通和漫威的授权角色，不一而足。除了给这些页面上色之外，这款主机没有任何交互性，这使得它的使用范围非常有限。

使用 Video Art 的摇杆在屏幕上绘图非常困难，这导致关于该主机的大部分评论是负面的。

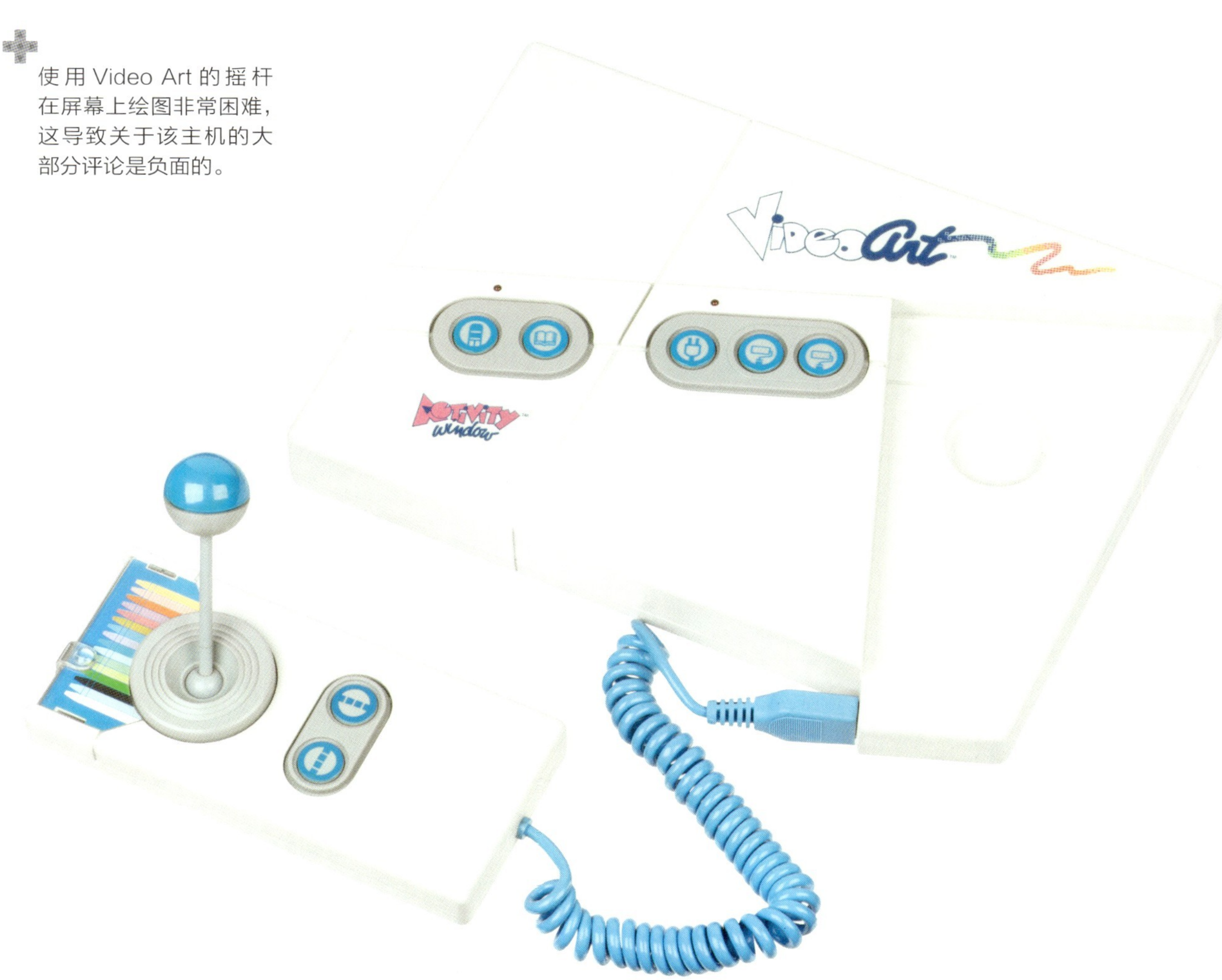

Action Max

1987

上市售价：69 美元	总销量：6 万 ~ 8 万台（估计）
处理器：未知	内存：未知
颜色：无，取决于录影带的视频颜色	游戏发售数：5 款

Action Max 是由美国玩具制造商 Worlds of Wonder 开发的一款光枪射击类“准游戏机”。该机器本身不用于运行或玩游戏，而是与一台 VCR 一起工作，VCR 播放预先录制的录影带视频（由光枪射击片段制成）。Action Max 只会记录射击是否命中，并显示玩家的得分。这种设计的局限性较大，因为屏幕上的游戏从来没有变化过，无论玩家的表现有多好或有多差。Worlds of Wonder 在宣布破产前才匆忙发售 Action Max，不久便终止了这款游戏机的相关业务，并将其送至清仓货架。

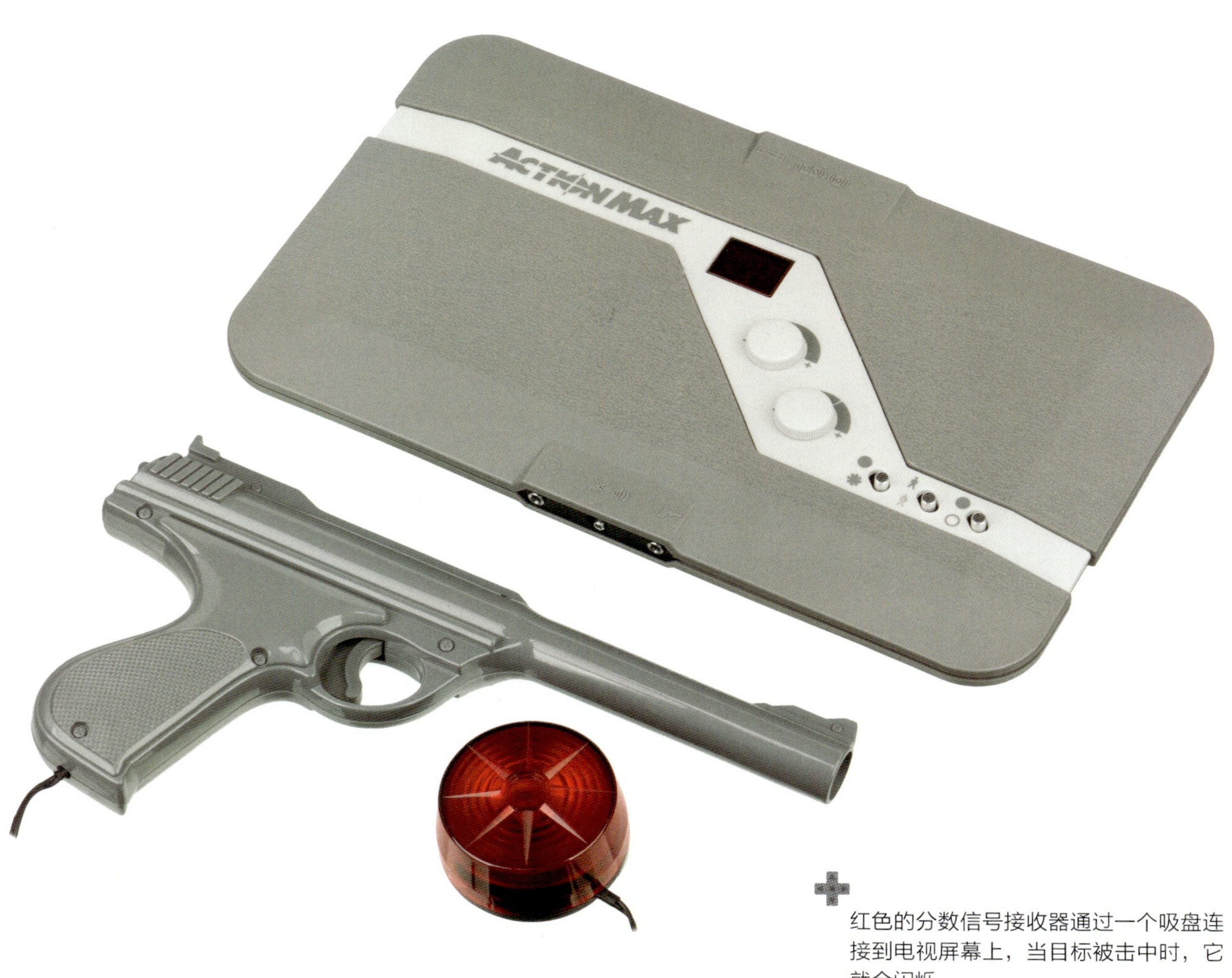

红色的分数信号接收器通过一个吸盘连接到电视屏幕上，当目标被击中时，它就会闪烁。

伟易达 Socrates

1988

上市售价： 129 美元	**总销量：** 7 万 ~ 10 万台（估计）
处理器： Zilog Z80	**内存：** 64 KB
颜色： 256 种	**游戏发售数：** 8 款

Socrates 是伟易达公司生产的一款寓教于乐的学习型游戏机，该公司当时以生产电子学习产品闻名。伟易达公司的其他教育设备都是廉价的个人计算机，而 Socrates 更像是一个游戏平台，有一个小型的学习游戏库，可以教授拼写、数学和基本逻辑。在发行时，该主机的价格高于任天堂、世嘉和雅达利的主机，而且它的运行速度慢，导致操作之间有长时间的停顿。Socrates 的销量低于伟易达公司的预期，但该主机在市场上持续销售了一段时间，直到 20 世纪 90 年代中期才被淘汰。

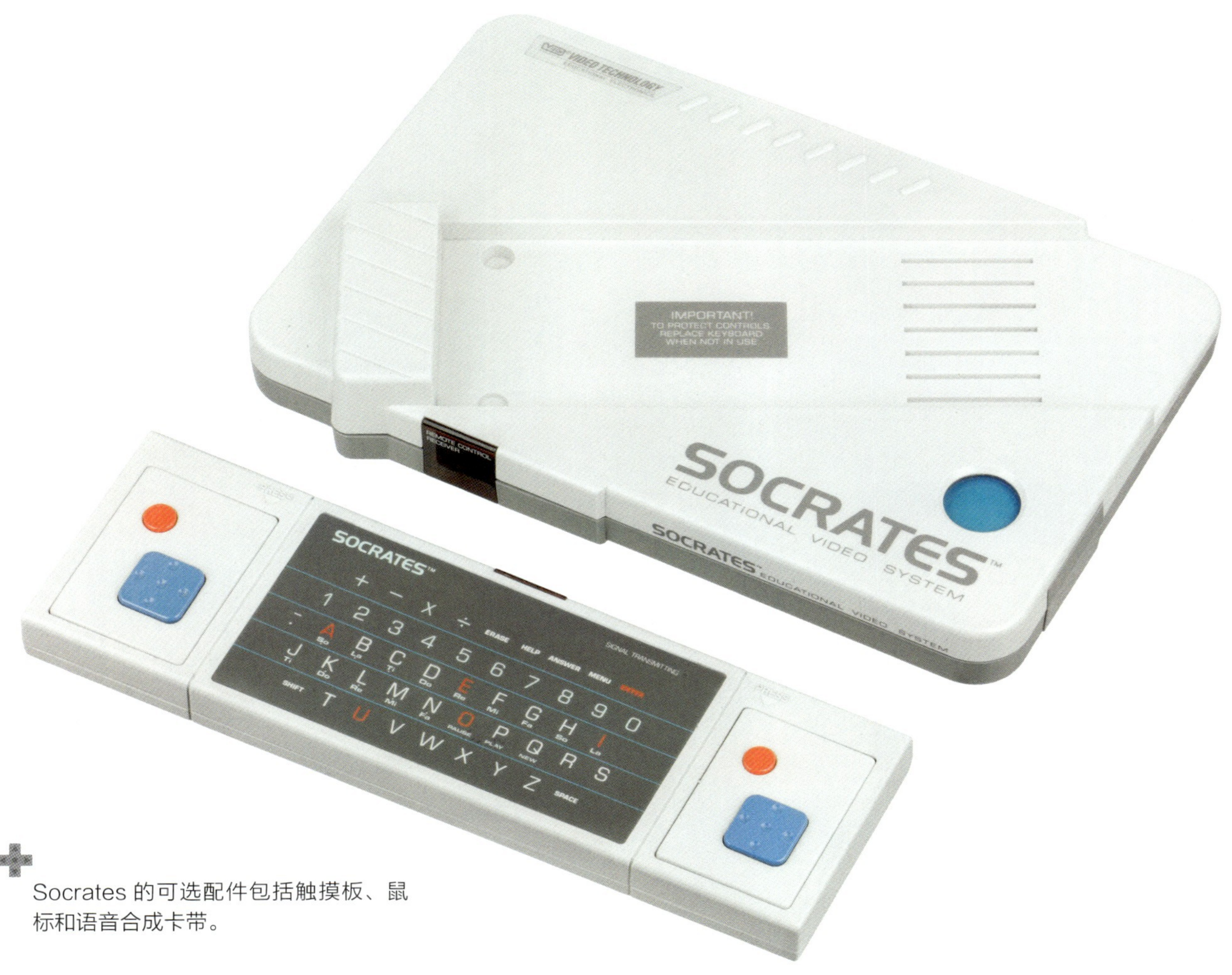

Socrates 的可选配件包括触摸板、鼠标和语音合成卡带。

第四世代

在第四世代，随着拥有更丰富、更精细的 2D 精灵图的新主机的推出，游戏机走向了 16 位处理器的时代。在美国，任天堂的市场主导地位受到了来自世嘉的挑战——世嘉的 Genesis System 凭借高效的广告宣传和一系列独家热门游戏成为畅销品。其他游戏机则表现不佳：NEC 的 TurboGrafx-16 无法吸引美国玩家；飞利浦 CD-i 和康懋达 CDTV 等一系列昂贵的多媒体主机销量不佳。此外，第四世代中出现了多款掌上游戏机，任天堂的简单单色游戏机 Game Boy 击败了雅达利和世嘉的高端彩色掌机，成为掌机平台的领导者。

世嘉 Mega Drive 的主板（上图），Neo Geo AES 的主板（左页图）

NEC PC Engine

1987

上市售价： 2.48 万日元	**总销量：** 超过 800 万台
处理器： Hu6280（1.79 MHz 或 7.16 MHz）	**内存：** 8 KB　**显存：** 64 KB
颜色： 512 种	**游戏发售数：** 超过 660 款

第四世代的游戏机始于 PC Engine，这是首款使用 16 位图像的家用游戏机。它的 8 位处理器不是真正的 16 位系统，但它丰富多彩的视觉效果是对老旧的 8 位游戏机的改进。PC Engine 是电子产业巨头 NEC 和电子游戏开发公司哈德森合作开发的。凭借哈德森的热门独占游戏以及老款游戏机无法处理的街机游戏，小小的 PC Engine 在日本赢得了大批追随者，成为这个时代日本第二畅销的游戏机。

PC Engine 没有使用标准的游戏卡带，而是使用了超薄的数据卡来玩游戏。

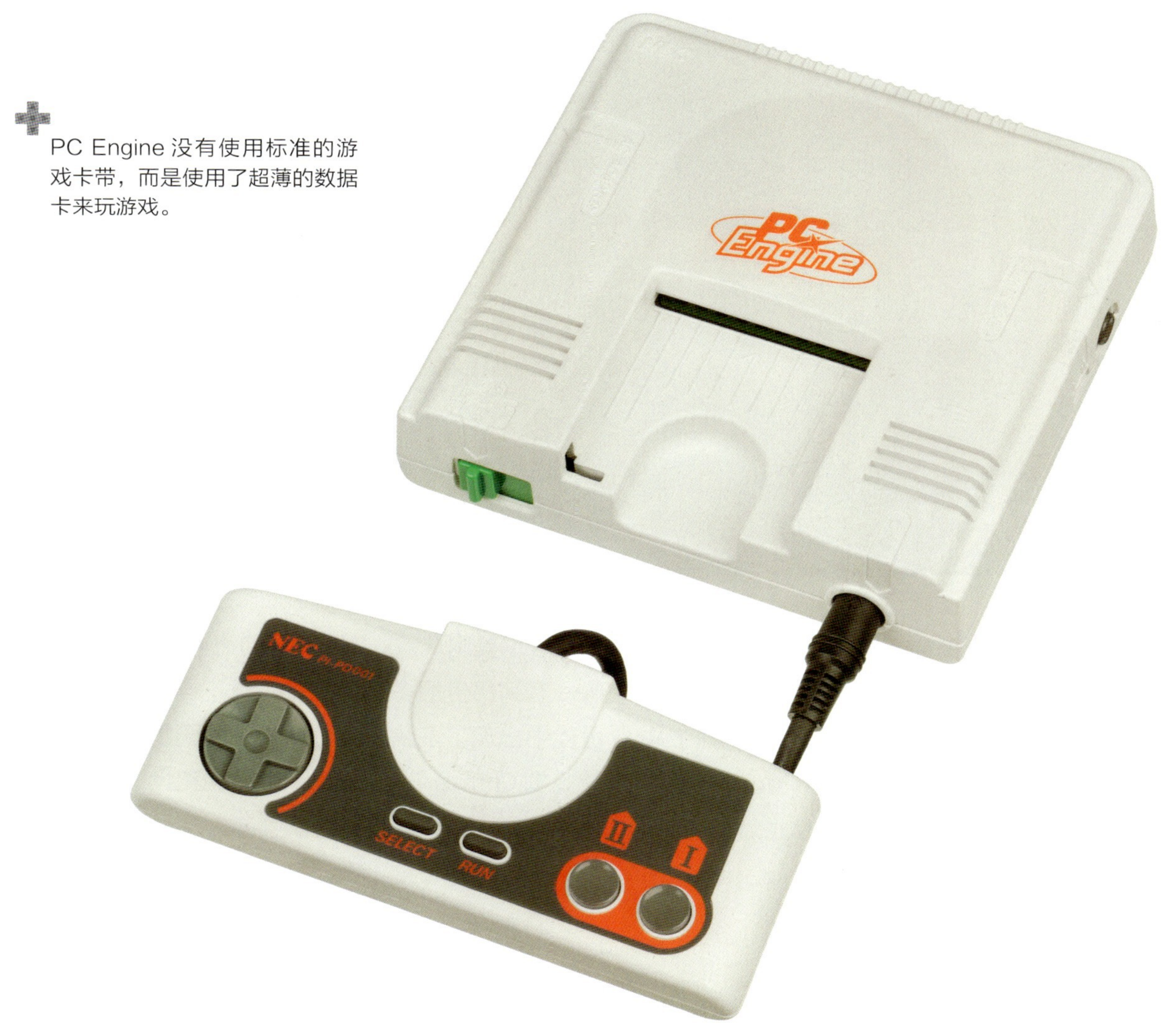

PC Engine 的衍生机型

NEC 在 PC Engine 的生命周期内发售了数量惊人的改版型号。最初的基础设计衍生出了两个替换型号（灰色的 Core Grafx 系列见上图），其特点是对电路板进行了细微的更改，并添加了一个多 A/V 输出端口。其他改版包括一个完全便携式的掌机型号、一个带有内置屏幕的半便携式型号、UFO 形状的型号、用于先锋 LaserActive 的可对接 PAC 型号、一个内置于夏普 X1 计算机的型号，甚至还有一个带有额外图形硬件的高端型号 SuperGrafx（见第 305 页）。最后，Duo 系列型号用一个独立配件，整合了 PC Engine 的可选配 CD-ROM 驱动器。

世嘉 Mega Drive

1988

上市售价： 2.1 万日元	**总销量：** 超过 3000 万台（全球）
处理器： 摩托罗拉 68000（7.6 MHz）	**内存：** 64 KB (68000), 8 KB (Z80)　**显存：** 64 KB
颜色： 512 种	**游戏发售数：** 超过 900 款（全球）

Mega Drive 是世嘉继 SG-1000 和 Master System 等 8 位主机后的新产品。Mega Drive 的硬件类似于世嘉的 System 16 街机板，使用 16 位的摩托罗拉 68000 作为主处理器，使用 Zilog Z80 处理声音。在日本，Mega Drive 的竞争对象是任天堂的游戏机以及 NEC 的新 PC Engine（16 位游戏机，是当时玩街机和动作类游戏的首选）。Mega Drive 于 1990 年在欧洲市场发行，得益于西方开发商的大力支持，世嘉在欧洲市场占据了主导地位。

世嘉的 16 位主机在北美被命名为 Genesis，但世人大多称它为 Mega Drive。

欧洲的 Mega Drive（上图）与日本的 Mega Drive（左页图）只在外观上有所不同。

任天堂 Game Boy

1989

上市售价：89 美元	**总销量：**超过 1.15 亿台（全部机型）
处理器：夏普 LR35902（4.19 MHz）	**内存：**8 KB　**显存：**8 KB
颜色：4 种（单色）	**游戏发售数：**超过 1000 款（全部机型）

Game Boy 是任天堂首款可更换游戏的掌机，它的生产过程遵循严格的成本和功耗要求，是一个工程上的奇迹。与世嘉和雅达利的高端全彩掌机相比，Game Boy 的旧处理器和单色屏幕相形见绌，但它成本更低，电池寿命更是前者的四倍。在任天堂的热门游戏和大量第三方游戏的支持下，Game Boy 主导掌上游戏市场超过十年。它的全球销量超过 1.15 亿台，是有史以来最畅销的主机之一。

Game Boy 使用四节 AA 电池，可以运行 15 ~ 20 个小时。

Nintendo GAME BOY™
SELECT
START
B
A
009-05

Game Boy Pocket

Game Boy Pocket 是 Game Boy 的升级版，体积更小，只需两节 AAA 电池即可玩 10 个小时以上。Game Boy Pocket 于 1996 年发售，同时期的其他主机通常会发布一款后续产品，但当时 LCD 技术的局限性（加上 Game Boy 在掌上设备的主导地位）让任天堂在未来几年里仍继续使用 Game Boy 廉价和简单的设计。

1995 年，任天堂发布了 5 款新颜色的 Game Boy：黑色、红色、黄色、绿色和透明款。

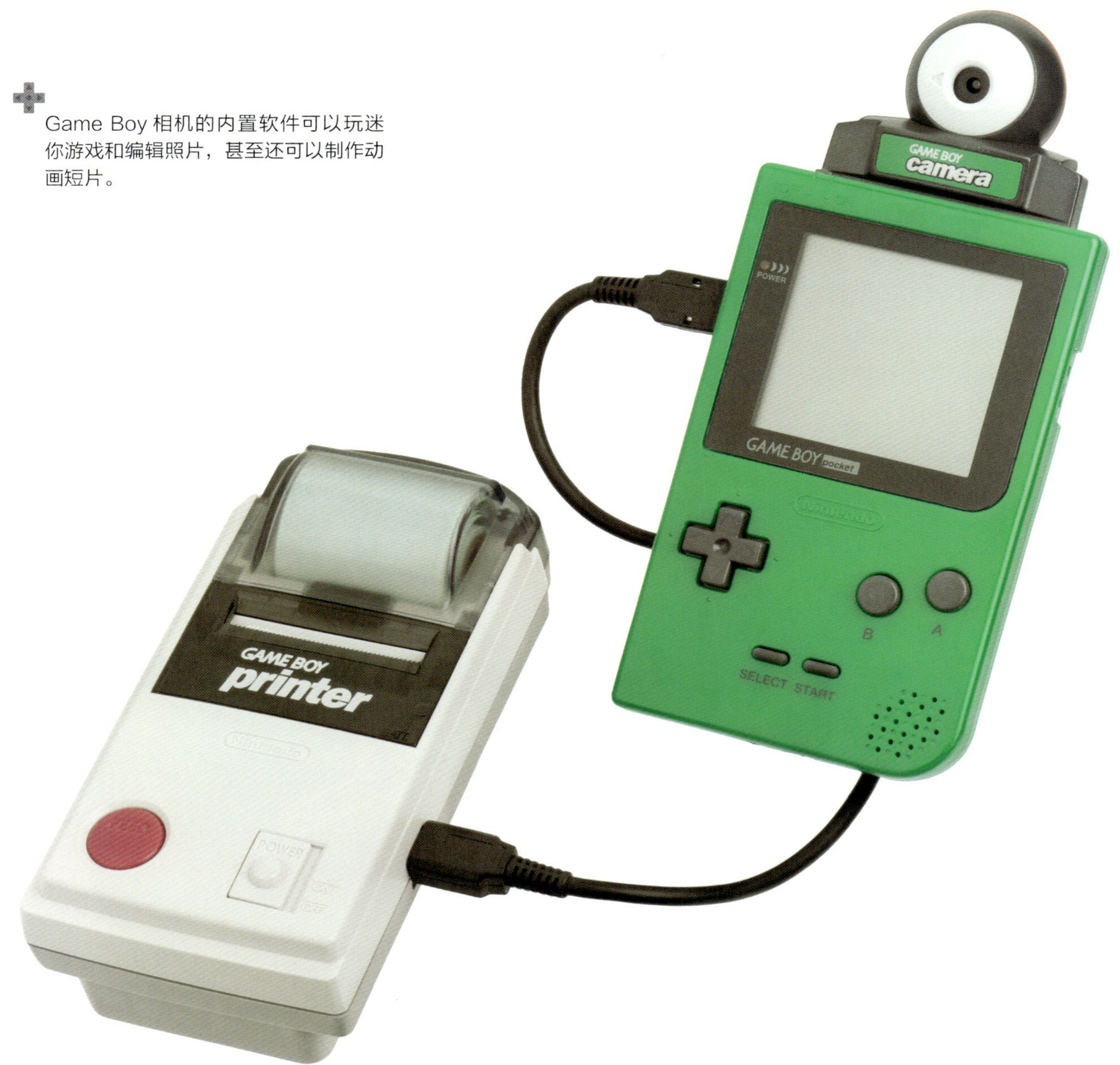

Game Boy 相机的内置软件可以玩迷你游戏和编辑照片，甚至还可以制作动画短片。

Game Boy 相机和打印机

1998 年，任天堂发售了 Game Boy 的官方配件 Game Boy 相机，可以让玩家用 Game Boy 拍摄数码照片。Game Boy 相机诞生于数字成像技术的初期，当时只能拍摄低分辨率的黑白照片。这款相机还可以选择搭配一台热敏打印机，可以打印照片并制成贴纸。

世嘉 Genesis

上市售价： 189 美元	**总销量：** 超过 3000 万台（全部机型）
处理器： 摩托罗拉 68000（7.6 MHz）	**内存：** 64 KB (68000), 8 KB (Z80)　**显存：** 64 KB
颜色： 512 种	**游戏发售数：** 超过 900 款（全部机型）

Genesis 是世嘉针对北美市场发售的 Mega Drive 游戏机，只是重新命名了。在 Mega Drive 败于称霸美国市场的任天堂游戏机后，世嘉将其资源投入到 Genesis 大胆且积极的营销活动中，甚至利用广告直接攻击和嘲笑任天堂。这种犀利而有火药味的广告，加上独有的体育和动作类游戏（如《刺猬索尼克》），让世嘉 Genesis 取得了惊人的成绩。这款游戏机仅在美国就售出了 2000 多万台，结束了任天堂在游戏机市场上的统治，成为世嘉有史以来最畅销的游戏机。

Genesis 最初自带了游戏《兽王记》（*Altered Beast*）。

Genesis 的控制器与雅达利 2600 原生兼容。

世嘉 CD

世嘉 CD 是 Genesis 的 CD 配件，于 1992 年在美国发售。该驱动器增加了一个额外的摩托罗拉 68000 处理器，可以支持 CD 品质的音质，并能够播放全动态视频 (Full-Motion Video, FMV)。然而，由于主机同时显示不同颜色的能力有限，FMV 经常出现颗粒状或者较低的画质。尽管 Genesis 大受欢迎，但世嘉 CD 却从未取得重大成功，原因是其高昂的价格 (发行时的售价为 299 美元) 和许多基于 FMV 的游戏效果不佳。

第一代世嘉 CD 使用托盘载入光盘，它在不到一年的时间里便被新设计所取代。

第二代世嘉 CD 于 1993 年发售，光盘的载入方式变为顶部载入，它与新的、更时尚的第二代 Genesis 同时发售。

32X 的售价为 159 美元，停产后的售价仅为 19 美元。

在 32X 失败后，世嘉放弃了 Genesis/32X 这个一体化主机（海王星）的计划。

世嘉 32X

32X 是在 1994 年末发售的一个 Genesis 附加配件，旨在在行业向 32 位系统过渡的时期中，延长 16 位主机 Genesis 的使用寿命。32X 基于双 32 位处理器，以低于新机型成本的价格提供了增强版的图形和 3D 功能。尽管 32X 最初的销量和宣传都很强劲，但它的匆忙发布导致游戏开发未能跟上脚步，令玩家们倍感失望，这导致了 32X 的销量急剧下降。在第三方游戏开发公司放弃支持 32X 后，世嘉在 1996 年初也放弃了 32X，专注于其新的游戏机——土星。

NEC TurboGrafx-16

1989

上市售价： 199 美元	**总销量：** 超过 60 万台
处理器： Hu6280（1.79 MHz 或 7.16 MHz）	**内存：** 8 KB　**显存：** 64 KB
颜色： 512 种	**游戏发售数：** 135 款（仅北美）

TurboGrafx-16 是 NEC 面向美国市场重新设计的 PC Engine。在发售时，这款主机与当时地位已经稳固的 NES 和新发售的世嘉 Genesis 展开了竞争。NEC 的美国分部不擅长应对激烈的竞争，经历了最初的销量低迷后，NEC 大幅削减了其在美业务的运营资金。这一举动削弱了 TurboGrafx-16，让它在剩下的日子里丧失了支撑。TurboGrafx-16 几乎没有广告宣传，也没有第三方游戏的支持，而且它的许多优秀游戏在日本也没有本地化，最终只能远远落后于世嘉和任天堂的游戏机。

TurboGrafx-16 只有一个控制器接口，这意味着玩家必须为多人游戏购买单独的适配器。

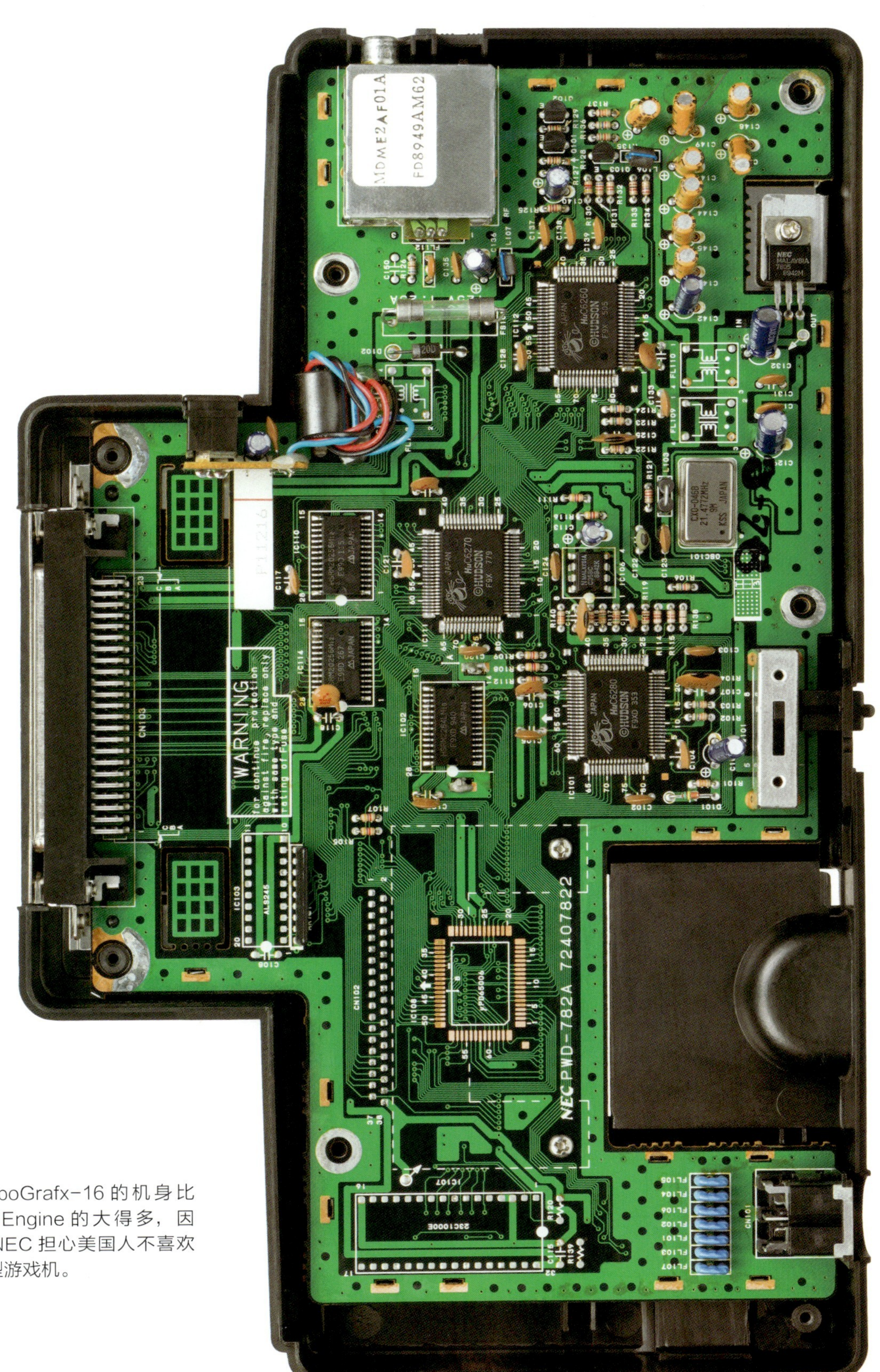

TurboGrafx-16 的机身比 PC Engine 的大得多，因为 NEC 担心美国人不喜欢小型游戏机。

TurboGrafx-CD 和 TurboDuo

与可选配 CD 驱动器 TurboGrafx-CD 配对使用时，TurboGrafx-16 就成了美国第一款可以玩 CD 游戏的主机。然而，这款配件的高定价（1990 年推出时售价 399 美元）导致其销量低迷。1992 年底，一款名为 TurboDuo 的流线型一体化版本发售，售价仅 299 美元。然而，新机型并没有让 TurboGrafx-16 的低迷有所好转，1994 年 NEC 逐步停止了在美国市场上对其的投入。

TurboGrafx-16 的可拆卸 CD 驱动器可以用作便携式音乐播放器。

TurboDuo 是一款罕见且昂贵的收藏品，但许多机器由于电容器故障或泄漏而需要维修。

TurboExpress 是另一款目前饱受电容器故障之苦的游戏机。

TurboExpress

TurboExpress 是 1990 年发售的一款完全便携式的 TurboGrafx-16，售价 249 美元。与 Lynx 和 Game Boy 相比，TurboExpress 是一款奢华的掌机，可以随时提供主机游戏。但是，这种性能是以电池寿命为代价的。TurboExpress 使用 6 节 AA 电池供电，最多只能玩 3 个小时的游戏。另外，TurboExpress 还有一个可以接收无线广播的电视调谐器。

雅达利 Lynx

1989

上市售价： 179 美元	**总销量：** 200 万台（估计）
处理器： 定制版“Mikey”和“Suzy”芯片	**内存：** 64 KB
颜色： 4096 种	**游戏发售数：** 超过 71 款

雅达利 Lynx 是一款功能强大的掌机，具有全彩背光屏幕。与任天堂简单的单色 Game Boy 相比，Lynx 是一款高端便携设备，可以在移动中提供家用机上的游戏体验。然而，它的背光屏幕会快速消耗电池的电量，而且和电子游戏市场崩溃后雅达利的其他机型一样，Lynx 也遭受了广告宣传少、零售业务受限、几乎没有第三方支持以及长期缺乏游戏等困扰。Lynx 在销量上很快落后于 Game Boy，后来又被世嘉 Game Gear 超越，最终被挤到了当时掌机市场的第三名。

Lynx 使用 6 节 AA 电池，续航时间为 3 ~ 5 小时。

1991 年，雅达利发布了一款新版的 Lynx，其机身更小，并做了一些细节上的改进。

View-Master Interactive Vision 1989

上市售价： 120 美元	**总销量：** 8 万～11 万台（估计）
处理器： VMI8802（基于英特尔）	**内存：** 16 KB
颜色： 16 种（录影带的颜色）	**游戏发售数：** 7 款

View-Master Interactive Vision 是一款基于录像带的学习型游戏机，专为儿童设计。Interact ve Vision 与录像机配合使用，并提供了一个小型的录像带游戏库。该游戏机在玩家玩时会将简单的图形覆盖在录像带上，可提供剧情选择型游戏或简单的动作类游戏，并可通过来回切换磁带上的两个音轨，给人以不同结果的错觉。相对于 NES 等游戏机，Interactive Vision 的价格高昂且游戏的可重玩性极其有限，最终该游戏机发售不到一年就停产了。

Interactive Vision 自带了《让我们学习一起玩》（*Let's Learn to Play Together*）和《迪士尼卡通》（*Disney's Cartoon Arcade*）两款游戏。

超级神童

1990

上市售价：69 美元	**总销量：**未知
处理器：NCR 65CX02（2.22 MHz）	**内存：**1 KB　**显存：**8 KB
颜色：4 种（单色）	**游戏发售数：**50 ~ 60 款

超级神童（Gamate）是中国台湾普泽公司（BitCorp.）开发的一款掌上游戏机。该掌机是 20 世纪 90 年代初在东亚出现的一系列低成本 Game Boy 仿品中的第一款。和其他 Game Boy 仿品一样，超级神童也有自己的游戏库，内含复制自其他游戏机的热门游戏。虽然超级神童在全世界都有销售（在美国是通过邮购公司 Alston Information Research 销售），但它的实际影响有限且短暂。超级神童和其他的 Game Boy 仿品一样，在没有多少广告宣传的情况下就被投放到市场，并在上市几年后就消失了。

和 PC Engine 一样，超级神童使用了薄游戏卡而不是卡带。

NEOGEO AES

上市售价：649 美元	**总销量：**30 万 ~ 60 万台（包含 CD，估计）
处理器：摩托罗拉 68000（12 MHz）	**内存：**64 KB　**显存：**84 KB
颜色：65 536 种	**游戏发售数：**超过 150 款

1989 年，日本游戏公司 SNK 生产了 Multi Video System（简称 MVS)，这是一个街机游戏平台，通过使用大型可替换的游戏卡带，可以在一台机柜中容纳多款游戏。1990 年，SNK 又生产了 NEOGEO AES，这是一款专为日本市场设计的 MVS 家用机版本。AES 将高质量的街机游戏带到了客厅，但这种高质量的游戏也付出了高昂的代价：其巨大的游戏卡带每个售价为 200 ~ 300 美元。虽然游戏卡带价格昂贵，但 AES 是为爱好者和租赁市场准备的。直至今天，AES 仍被视为 SNK 街机游戏爱好者的“圣杯”。

NEOGEO AES 是首款配备存储卡插槽的游戏主机，存储卡最多可以存储 2 KB 的数据。

SNK 发布过多款 NEOGEO CD 型号。NEOGEO CD 的最后一款是 CDZ，CDZ 配有双速 CD 驱动器。

NEOGEO CD

AES 昂贵的游戏卡带让大多数人无法使用这款游戏机，这促使 SNK 在 1994 年发布了 NEOGEO CD。该款游戏机采用与 AES 相同的硬件，可以运行价格更便宜的 CD 版游戏。然而，该游戏机的单速 CD 驱动器需要将大量数据加载到机器的内存中，这导致 NEOGEO CD 因加载时间过长，频繁出现 20 ~ 40 秒的停顿而饱受批评。这款游戏机在图像上还局限于 2D 精灵图，与 PlayStation 和土星的 3D 图像相比，2D 精灵图的效果并不理想。由于市场小众、销量低，NEOGEO CD 成为 SNK 最后一款家用游戏机。

世嘉 Game Gear

1990

上市售价： 159 美元	**总销量：** 超过 1000 万台
处理器： Zilog Z80（3.58 MHz）	**内存：** 8 KB　**显存：** 16 KB
颜色： 4096 种	**游戏发售数：** 超过 350 款

Game Gear 是世嘉发售的一款拥有全彩背光屏幕的掌机。从本质上说，它是一款拥有更强色彩性能的便携式家用机，也是世嘉进军蓬勃发展的掌机市场的标志。虽然 Game Gear 在性能和设计上与雅达利 Lynx 相似，但它的销量远超 Lynx 的。这要归功于更好的营销手段和《刺猬索尼克》(*Sonic the Hedgehog*) 等热门游戏的便携版。虽然 Game Gear 从未超越 Game Boy，并在随后几年陷入困境，但它是唯一一款真正挑战 Game Boy 市场主导地位的掌机。

Game Gear 使用了荧光灯背光，这导致 6 节 AA 电池只能使用 3 ~ 5 小时。

世嘉还为 Game Gear 推出了一款可选配的电视调谐器，允许外部视频输入或观看电视。

Hartung Game Master

1990

上市售价：未知	总销量：未知
处理器：NEC D78C11APF	内存：2 KB
颜色：2 种（黑色和白色）	游戏发售数：超过 18 款

Game Master 是一款欧洲的掌机，通常被认为是德国玩具制造商 Hartung 的产品。Game Master 常被描述为 Game Boy 的仿制品，但它其实更类似于更早的 Epoch Game Pocket Computer，因为两者都拥有相似的处理器和低分辨率的双色屏幕。Hartung 公司是否真的生产了这款掌机还不得而知，但更有可能的是，该掌机和它的游戏是在中国香港生产的，然后在欧洲各国市场中以不同的名字上市销售。Game Master 问世不久，就被 Mega Duck 和 Watara Supervision 等更先进的掌机所取代。

Game Master 曾以不同的颜色和品牌出现。比如在英国，它叫作 Systema 2000。

Amstrad GX4000

1990

上市售价：99 英镑	**总销量：**1.5 万台
处理器：Zilog Z80A（4 MHz）	**内存：**64 KB **显存：**16 KB
颜色：4096 种	**游戏发售数：**超过 25 款

GX4000 是英国电子公司 Amstrad 推出的一款欧洲专属游戏机。该主机是 Amstrad CPC 的重新命名和整合版。Amstrad CPC 是 20 世纪 80 年代在欧洲流行的一系列 8 位计算机。然而，到了 20 世纪 90 年代初，和其他 8 位计算机一样，它们被游戏机和 16 位计算机所取代。Amstrad 在 1990 年尝试用 GX4000 来振兴 CPC 系列，但这款游戏机一上市便失败了，因为它对于 CPC 拥有者来说是多余的，主机玩家对它也不感兴趣。在 GX4000 上市几个月后，它就和 CPC 一起停产了。

GX4000 基于 CPC 的产品线，该产品线在全球销售了大约 300 万台计算机。

超级任天堂

上市售价： 2.5 万日元	**总销量：** 超过 4100 万台（全球）
处理器： 定制版 65C816（3.58 MHz）	**内存：** 128 KB　**显存：** 64 KB
颜色： 32 768 种	**游戏发售数：** 1700 款（全球）

超级任天堂（Super Famicom）是任天堂广受欢迎的 Famicom/NES 主机在 16 位时代的继承者。任天堂在日本和美国市场的主导地位，为其开发新系统争取了足够的时间。超级任天堂比其 16 位时代的竞争对手世嘉 Mega Drive 和 PC Engine 晚几年问世。在上市时，超级任天堂拥有比竞争对手更先进的图像技术和更丰富的声音表现，它还与热门游戏《超级马力欧世界》一起发行。高质量的第一方游戏，加上第三方独占游戏（如《勇者斗恶龙》和《最终幻想》），让任天堂主导了日本第四世代的游戏机市场。

除了美国版的超级任天堂娱乐系统（Super NES）有自己独特的外观以外，该主机在世界上其他地方的版本，都采用了与原版超级任天堂接近的设计。

超级任天堂的手柄加入了肩键，
这在游戏史上是首创。

康懋达 CDTV

上市售价：999 美元	**总销量：**2.5 万 ~ 5 万台（估计）
处理器：摩托罗拉 68000（7.16 MHz，NTSC 制式）	**内存：**1 MB
颜色：4096 种	**游戏发售数：**超过 2000 款（多数是 Amiga 的游戏）

康懋达 CDTV 是重新包装版的 Amiga 500，包括一个内置的 CD 驱动器。这款游戏机是一波先进的、基于 CD 的多媒体设备浪潮的开端。随着 CD 格式的兴起，电子行业设想了一种设备，能够将客厅的电视变成一个媒体中心，让一家人可以在这里学习、听音乐、玩游戏或看电影。然而，这种技术很昂贵，大多数消费者宁愿把钱投资到有更多功能的计算机上。由于价格高得令人难以置信，CDTV 很快就失败了，成为多媒体电视盒格式的早期牺牲品。

CDTV 配有可选键盘、软盘驱动器和鼠标，可以当作计算机使用。

COMMODORE PART NO. 252604-01
ASSY NO.250484 REV2.2.1
REV2.2.1

超级任天堂娱乐系统

1991

上市售价： 199 美元	**总销量：** 超过 4100 万台（全球）
处理器： 定制版 65C816（3.58 MHz）	**内存：** 128 KB　**显存：** 64 KB
颜色： 32 768 种	**游戏发售数：** 1700 款（全球）

超级任天堂娱乐系统（Super Nintendo Entertainment System，简称 SNES）是任天堂的 16 位游戏机超级任天堂（Super Famicom）在北美和欧洲发售时所用的名字。SNES 在美国推出时，恰逢任天堂正受到来自世嘉 Genesis 的猛烈冲击，所以两款游戏机之间产生了激烈竞争。SNES 的销量与 Genesis 不相上下，直到热门游戏《大金刚国度》(*Donkey Kong Country*) 发布后，SNES 才开始领先。随着 Genesis 的衰落，任天堂在 SNES 的后期延续了强劲的势头，并最终在第四世代结束时成为美国最畅销的 16 位游戏机。

因为 ABS 塑料对紫外线很敏感，所以现在很多 SNES 变黄了，今天很难找到一款原始的灰色的 SNES。

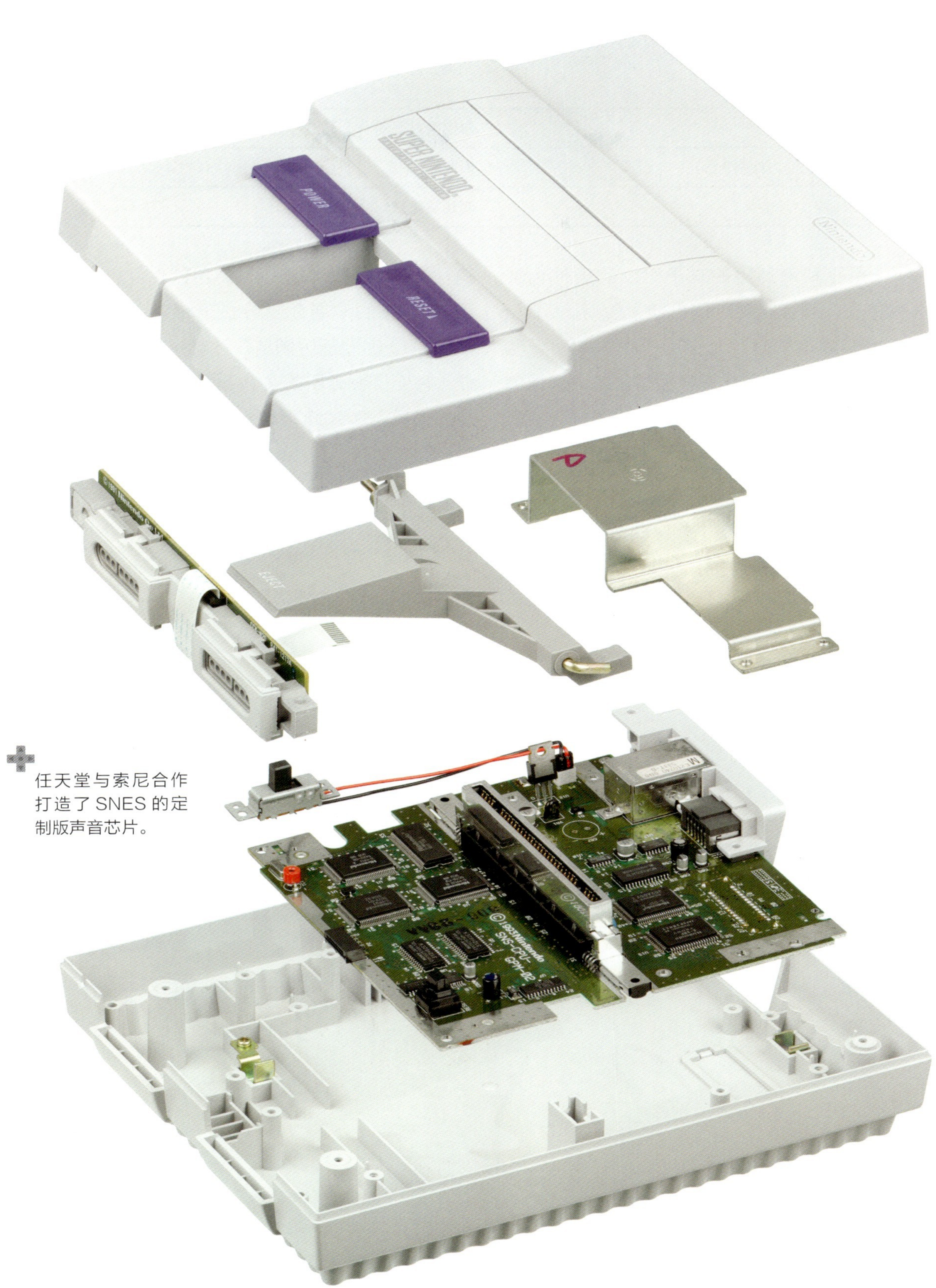

任天堂与索尼合作打造了 SNES 的定制版声音芯片。

飞利浦 CD-i

1991

上市售价： 800 ~ 1000 美元	**总销量：** 超过 100 万台（估计）
处理器： 摩托罗拉 68070（15 MHz）	**内存：** 1 MB
颜色： 16 777 216 种	**游戏发售数：** 超过 190 款

CD-i 是飞利浦创建的基于 CD 的硬件标准和多媒体格式，可在各种专用机器上使用。CD-i 旨在打造一个媒体中心，允许用户在电视上玩游戏、观看数字视频、听音乐或使用教育软件。遗憾的是，这一系列的机器都太贵，游戏也不好玩，视频 CD 没能流行起来，而且人们更喜欢用立体声音响和计算机来播放音乐、使用软件。如今，CD-i 以其糟糕的《塞尔达》（*Zelda*）和《马力欧》（*Mario*）游戏而“闻名”，这是任天堂与飞利浦合作（将 CD 配件引入 Super NES）失败后产生的意外结果。

CD-i 的可选配 MPEG 数字视频卡是播放视频 CD 和大多数 FMV 游戏的必要条件。

这款巨大的 910 是第一款 CD-i 型号。

450 是后来的 CD-i 型号，看起来更像游戏机。

CD-i 型号和改版

飞利浦和索尼、金星等合作伙伴生产了多款 CD-i 型号，包括便携式设备、大型商业系统，甚至还有内置播放器的电视。飞利浦试图使 CD-i 成为标准多媒体格式以供消费者和专业环境使用，但采用率很低。尽管 20 世纪 90 年代初飞利浦对多媒体电视设备大肆宣传，但这些机型都遭遇了巨大的失败。由于销售不佳，飞利浦在 1996 年放弃了 CD-i 格式。

Memorex VIS

1992

上市售价：699 美元	**总销量：**1 万 ~ 1.5 万台（估计）
处理器：英特尔 286（12 MHz）	**内存：**1 MB
颜色：16 777 216 种	**游戏发售数：**超过 60 款

Memorex VIS(Video Information System，视频信息系统，简称 VIS) 是 Tandy 公司开发的以光盘为媒介的多媒体设备，由美国电子产品零售商 RadioShack 独家销售。VIS 是一款基于 Windows 3.1 改进版的 x86 计算机，是专为电视设计的精简版。它的软件主要是面向儿童的教育类游戏和一些 DOS 游戏，如《福尔摩斯》(*Sherlock Holmes*)、《咨询侦探》(*Consulting Detective*)。对于 Tandy 公司来说，被贴上“售价昂贵”“性能有限”“不太有趣”等标签的 Memorex VIS 是一场销售灾难。Tandy 在 1994 年停止了对 VIS 的投入，并将其剩余的库存卖给了一家清算公司。

VIS 面世不到两年，就以 99 美元的价格与 20 款软件捆绑销售了。

Watara Supervision

1992

上市售价： 49 美元	**总销量：** 未知
处理器： WDC 65C02（4 MHz）	**内存：** 8 KB　**显存：** 8 KB
颜色： 4 种（单色）	**游戏发售数：** 超过 60 款

Watara Supervision 是任天堂 Game Boy 的仿制游戏机之一，于 20 世纪 90 年代初出现在东亚。Supervision 在中国香港开发，并用不同的发行商和名称在全球发行，它试图以更低的价格给玩家提供与 Game Boy 类似的体验，从而削弱 Game Boy 的优势。然而，这款掌机几乎没有广告宣传，而且依赖于当地零售而不是全国规模的零售分销，这意味着几乎没有人知道它。由于几乎没有第三方游戏的支持，并且游戏都是一些受欢迎游戏的仿品，Supervision 最终还是从市场上消失了。

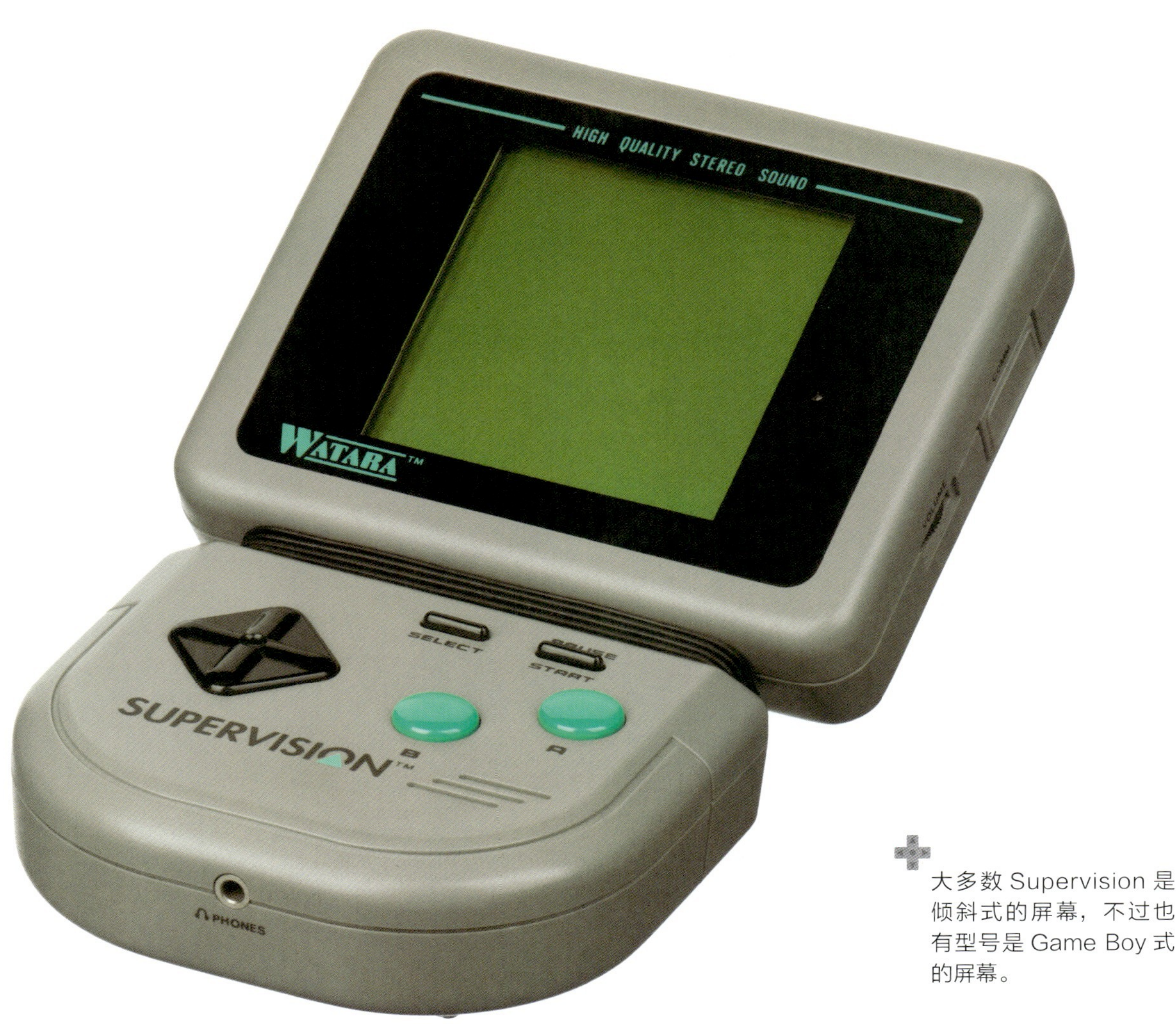

大多数 Supervision 是倾斜式的屏幕，不过也有型号是 Game Boy 式的屏幕。

Mega Duck

上市售价： 129 荷兰盾（大约，荷兰地区）	**总销量：** 未知
处理器： LR35902/Z80（4.19 MHz）	**内存：** 8 KB **显存：** 8 KB
颜色： 4 种（单色）	**游戏发售数：** 45 款

Mega Duck 是由中国香港伟柏公司（Welback Holdings）开发的掌上游戏机，并由欧洲和南美的多家公司发行。与 Watara Supervision 一样，该掌机也是 Game Boy 的仿制品，不过 Mega Duck 在规格上几乎与 Game Boy 的完全一致。Mega Duck 的游戏大多是当时热门游戏的模仿作品，其中有 20 多款游戏是由中国台湾的开发商开发的。这款掌机的销量不高，就像 Supervision、Game Master 和 Gamate 一样，Mega Duck 和它的游戏在今天很难找到和玩到。

在南美，Mega Duck 以 Cougar Boy 的品牌销售。

先锋 LaserActive

1993

上市售价： 970 美元（仅 LD 播放器）	**总销量：** 4 万台（仅 LD 播放器）
处理器： 68000 (Genesis), Hu6280 (TG-16)	**内存：** 64 KB (Genesis), 8 KB (TurboGrafx-16)
颜色： 512 种（可以叠加在 LD 视频上）	**使用 LD 的游戏数量：** 31 款

LaserActive 是一款 CD 和 LaserDisc 播放器，与可选配的 PAC 扩展模块搭配使用时，它还具有成为游戏主机的独特能力。通过安装 TurboGrafx-16 或世嘉 Genesis 扩展，LaserActive 可以玩常规的主机游戏、CD 游戏，甚至是 LD 光盘的独占游戏。LaserActive 是一个雄心勃勃的尝试，旨在创造一种通用媒体设备，但它的价格也高得令人望而却步——一套完整的系统成本超过 2000 美元，因此销售情况不佳。由于销量不高，消费者也没什么兴趣，先锋放弃了 LaserActive，离开了视频游戏市场，转而专注于通用电子产品。

由于电容器泄漏问题，现在的 LaserActive PAC 扩展大多无法正常运行。

PU-7
SONY
CXD8514Q
1994 Sony Computer
Entertainment Inc.
JAPAN 9511ECI
SONY
©Sony Computer
Entertainment Inc.
CXD8530BQ
LSIL L9A0025
WK77550
TBG 9515
SONY JAPAN
CXD2516Q
508D24E
SONY JAPAN
CXD1199BQ
513D87E
SONY JAPAN
CXD2922Q
515E54E
SONY
CXD2923AR
JAPAN
515E03E
©SONY COMPUTER
ENTERTAINMENT INC.
RS534340F 1002
5GF 71
NEC JAPAN
D482445LGW-A70-S
9508KU638
SEC KOREA
516Y
KM48V514BJ-6

第五世代

随着技术的快速发展和市场参与者的成败交替，电子游戏行业在第五世代经历了巨大的转变。光记录媒体因其低廉的成本和大容量的存储空间而取代了卡带，同时强大的定制处理器让游戏画面从 2D 转变为 3D。在这个时代，雅达利、NEC、3DO 和康懋达等众多硬件制造商，因其游戏机销售不佳而退出市场或倒闭。最重要的是，世嘉和任天堂被索尼挤到了第二阵营。索尼是一个新的闯入者，凭借营销得当且对开发者友好的游戏机产品，成功进军游戏市场，并打造出了有史以来最畅销的游戏机之一。

世嘉土星的主板（上图），索尼 PlayStation 的主板（左页图）

FM Towns Marty

1993

上市售价：9.8 万日元	**总销量：**5 万 ~ 7.5 万台
处理器：AMD 386SX（16 MHz）	**内存：**2 MB　**显存：**640 KB
颜色：16 777 216 种	**游戏发售数：**超过 500 款

FM Towns Marty 是一款由富士通在日本独家发行的计算机和游戏机的混合机型。FM Towns Marty 的原型是 1989 年推出的 FM Towns，该机型拥有专有操作系统和内置 CD 驱动器。FM Towns 基于 x86 平台，更适合处理多媒体，但价格昂贵，其高质量的街机接口和创造性的软件只吸引了一小部分人。1993 年，当游戏机版本 FM Towns Marty 在日本市场上市时，其昂贵的价格和有限的功能导致了极低的销量，该机型仅销售了两年就停产了。

富士通还在 1994 年发布了一款升级版的 Marty II，价格更便宜，颜色为深灰色。

Amiga CD32

1993

上市售价： 399 美元	**总销量：** 5 万 ~ 7.5 万台
处理器： 摩托罗拉 68EC020（14 MHz）	**内存：** 2 MB
颜色： 16 777 216 种	**游戏发售数：** 超过 140 款

Amiga CD32 是康懋达公司将其 32 位计算机 Amiga 重新包装成多媒体游戏机的又一尝试。在 CDTV 失败后，康懋达迅速转向了这个基于 Amiga 的新机型。CD32 比 CDTV 便宜得多，配置更好，游戏功能也更突出。然而，随着 IBM 个人计算机在 20 世纪 90 年代初开始占领计算机市场，康懋达的地位和影响力迅速下降，再加上其他重大财务问题，康懋达公司在 CD32 发布后仅几个月就宣布破产并倒闭。

CD32 的后扩展舱可以配备一个可选的 MPEG 视频解码器。

3DO

1993

上市售价： 699 美元	**总销量：** 超过 100 万台（估计）
处理器： ARM60 RISC（12.5 MHz）	**内存：** 2 MB　**显存：** 1 MB
颜色： 16 777 216 种	**游戏发售数：** 超过 200 款

美国人设计的 3DO 是最早发布的 32 位游戏机之一。3DO 公司采取了一个不寻常的、最终被视为一场灾难的举动——将这款游戏机设计成硬件标准，并授权给外国制造商制造和销售。这模仿了录像机、电视机和 CD 播放机的生产模式。为了盈利，第三方制造商不得不以高价出售 3DO（游戏机制造商通常以亏损价或成本价出售自己的游戏机），这使得 3DO 比其他主机昂贵得多。高昂的价格，激烈的竞争，以及以 FMV 游戏[①]为主的游戏阵容导致了 3DO 的销售不温不火。最终，3DO 于 1996 年停产。

为了提高销量，松下首款 3DO 机型 FZ-1 在不到两年的时间里从 699 美元降到了 299 美元。

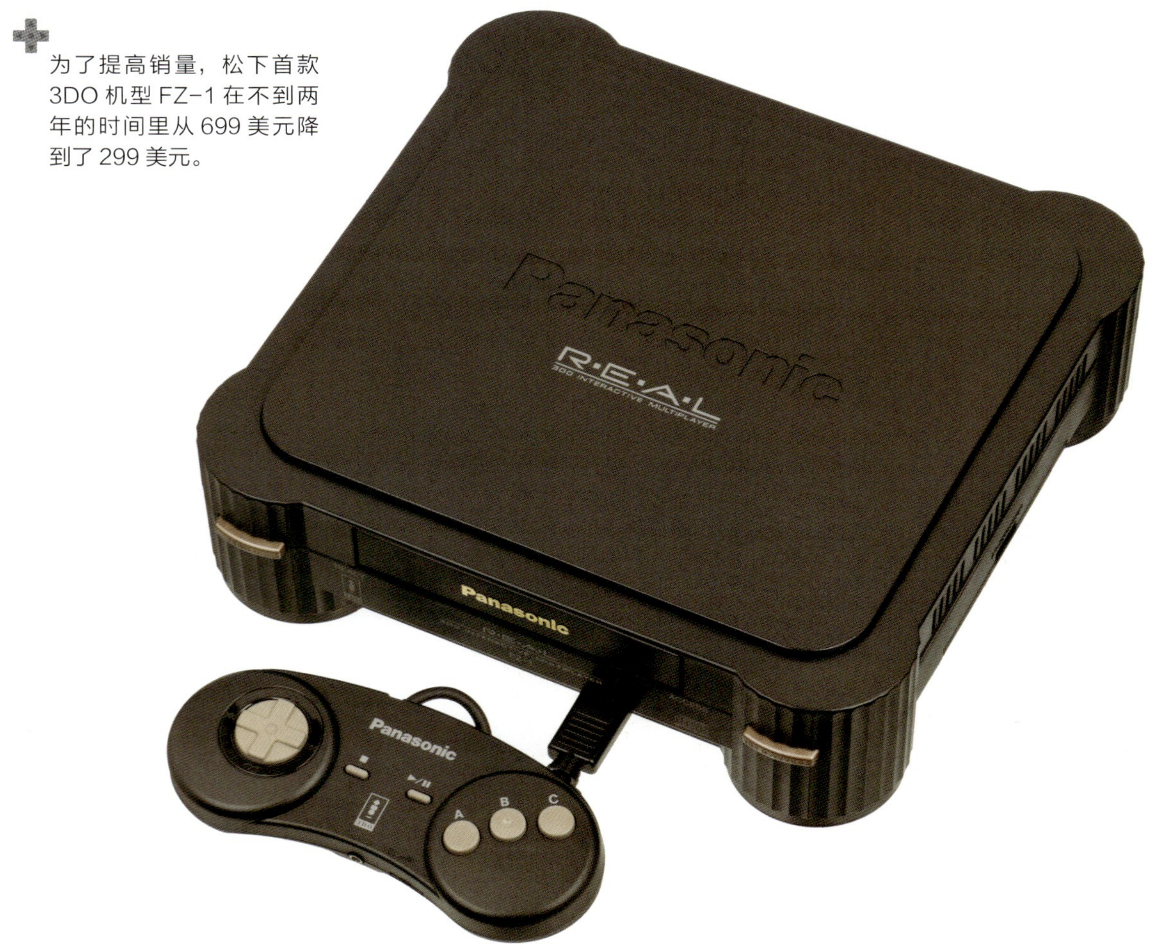

① 全程是全动态视频图像（Full Motion Video）的游戏，指互动电影类游戏。——译者注

3DO 有一个扩展接口，可以安装MPEG 视频解码器。

韩国金星公司是除了松下外，唯一一家在美国发售 3DO 游戏机的制造商。

3DO 的改版机型

软件巨头 Electronic Arts 的创始人特里普·霍金斯（Trip Hawkins）于 1991 年离开 EA 并成立了 3DO 公司。他在 3DO 平台上的激进计划，需要第三方制造商的支持。霍金斯利用其强大的行业关系为 3DO 造势，并与电子公司签约生产游戏机。虽然许多硬件制造商最初承诺生产 3DO 游戏机，但由于激烈的竞争和不可预测的游戏机市场，大多数硬件制造商仍在犹豫或等待。当旗舰型 3DO 发布遇到困难时，这些制造商中的大多数就完全退出了 3DO 生产计划，这意味着实际上市的游戏机其实只是计划中的一小部分。

松下 FZ-10 于 1994 年发布，它是 FZ-1 的低成本版，配有揭盖式 CD 驱动器。

TRY 由三洋生产，是一款只在日本发售的 3DO 机型。

雅达利 Jaguar

上市售价： 249 美元	**总销量：** 12.5 万～ 17 万（估计）
处理器：“Tom”和“Jerry”（26.6 MHz）	**内存：** 2 MB
颜色： 16 777 216 种	**游戏发售数：** 63 款

Jaguar 是雅达利的最后一款游戏机，也是 1986 年发售的那款雅达利 7800 的真正继任者。这是一款功能强大但存在严重缺陷的游戏机，基于卡带的 Jaguar 拥有复杂且难以使用的多处理器架构。这款机器也有其他雅达利游戏机在电子游戏市场崩溃后面临的所有问题：游戏少；零售渠道有限；第三方支持少。这些问题让雅达利长期以来的声誉受损，让开发者和消费者对它避而远之。Jaguar 举步维艰，即使多次降价，上市三年后的销量仍不足 15 万台。它的失败标志着雅达利作为一家独立公司的终结，雅达利停止了运营，并出售了资产。

20 世纪 90 年代初，雅达利被挤出计算机行业后，Jaguar 是该公司维系生计的最后机会。

Jaguar 由 IBM 公司在美国北卡罗来纳州生产制造。

Jaguar CD

在 Jaguar 于 1993 年底推出之前，雅达利曾宣布一款用于该游戏机的 CD 驱动器配件。经过多次推迟，这款 Jaguar CD 终于在 1995 年 9 月发售。那时，Jaguar 的败局已定，在世嘉土星和索尼 PlayStation 上市之后发布的这款 CD 驱动器，最终也被证明是徒劳无功。在雅达利停止对 Jaguar CD 的支持之前，该平台上只发布了 13 款游戏。

雅达利 Jaguar CD 驱动器使用一种定制的格式，每张光盘最多可容纳 790 MB 的数据。

Jaguar 的一些游戏配有专用的覆盖物，可以装在控制器数字板上。

世嘉土星

1994

上市售价： 399 美元	**总销量：** 超过 900 万台
处理器： 日立 SH-2 处理器（28.6 MHz）	**内存：** 2 MB（可扩展） **显存：**1.5 MB
颜色： 16 777 216 种	**游戏发售数：** 超过 1000 款

在日本街机市场开始蓬勃发展的 1994 年秋天，以街机游戏闻名的世嘉推出了土星（Saturn）游戏机。在日本，土星因为独家移植了世嘉的 3D 街机游戏《VR 战士》（*Virtua Fighter*）、《梦游美国》（*Daytona USA*）和《VR 战警》（*Virtua Cop*）而受到好评。土星也成为 2D 格斗类游戏的首选平台，因为它的架构比 PlayStation 更适合这类游戏。土星在日本的硬核游戏玩家中大受欢迎，这是世嘉第一款在日本获得成功的游戏机。然而，这种成功没能在海外重演，土星在海外的失败令世嘉严重受损。

土星是 32 位游戏机，其内部结构复杂，有 8 个不同的处理器。

土星的游戏存档保存在机器内部，存储器由一个寿命短暂的纽扣电池供电。

世嘉土星在美国

当索尼宣布 PlayStation 在美国的售价为 299 美元时，世嘉突然决定提前发售定价为 399 美元的土星，希望用时间上的优势对抗索尼。这一“著名”举动引起了零售商和开发商的困惑和愤怒，他们对这样的提前发售毫无准备。早期的土星购买者不得不为新游戏等待数月，并且在 PlayStation 发售后不久，土星的价格就下调了 100 美元，这让他们感到受骗。此外，因为游戏开发人员放弃了土星和它的复杂架构，转向 PlayStation，所以第三方游戏也明显减少。在土星发售的第二年，它的销量迅速下滑，世嘉也因此失去了通过 Genesis 获得的巨大美国市场份额。

美国版的土星手柄体积庞大，不受欢迎，最终被日本版所取代。

在土星的 NetLink 上市之前，世嘉 Genesis 有两种不同的调制解调器用于面对面游戏 (XBAND) 或下载游戏 (世嘉频道)。

NetLink 调制解调器及其联网能力

与销售地当地的电信公司合作生产主机调制解调器的办法，早在美泰的 Intellivision 系列上市时就已存在。这些设备提供的互联网接入服务通常是有限的、实验性的或短暂的。世嘉土星是首批提供完整互联网体验的主机之一，可选择加装 NetLink 适配器。这款传输速率为 28.8 Kbit/s 的调制解调器可以让用户浏览网页，发送电子邮件，并与其他 NetLink 所有者一起玩 5 款支持联网的游戏。

索尼 PlayStation

上市售价：299 美元	**总销量：**超过 1 亿台
处理器：LSI / MIPS R300A（33.8 MHz）	**内存：**2 MB **显存：**1 MB
颜色：16 777 216 种	**游戏发售数：**超过 2400 款

PlayStation 是日本电子产品制造商索尼推出的 32 位游戏机。索尼在 PlayStation 背后投入了大量资源，通过大规模的营销活动和多样化的游戏阵容支持自家的首款游戏机。PlayStation 及其令人印象深刻的 3D 图像迅速让索尼成为游戏机市场的胜者。这款主机还极大地受益于世嘉和任天堂所犯的错误——这两家公司的游戏机难以编程，这直接将第三方开发商推向了索尼。结果，在大量游戏的支持下，PlayStation 成为有史以来最畅销的主机之一。

在 PlayStation 发布之前，索尼和媒体通常称其为 PSX(该游戏机的原始代号)。

PlayStation 缺乏硬件层面的 Z 缓冲[①]，这导致了游戏中的物体和纹理存在标志性的抖动问题。

① 一种渲染时的算法，保证物体在渲染时消除被遮挡的不可见的线或面。——译者注

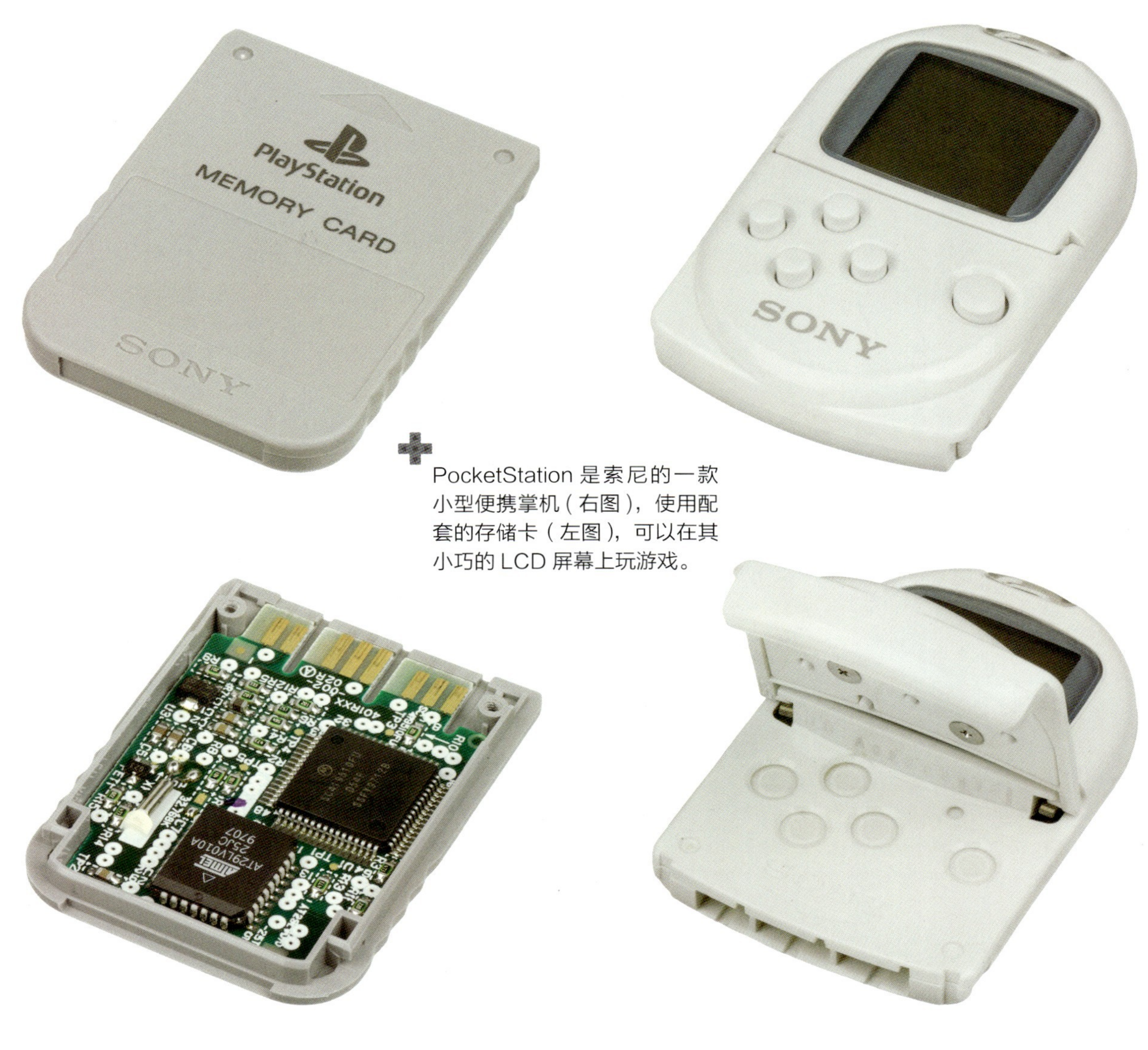

PocketStation 是索尼的一款小型便携掌机（右图），使用配套的存储卡（左图），可以在其小巧的 LCD 屏幕上玩游戏。

存储卡

CD 为游戏开发者提供了廉价、高容量的媒介，但也删除了许多卡带游戏中常见的内置保存功能。虽然像土星、3DO 和世嘉 CD 等游戏机都依赖于内置的存储空间来保存游戏进程，但索尼为其 PlayStation 游戏机选择了外接存储卡的方案。在 PlayStation 取得巨大成功后，这些简单的可替换存储卡成为后来第六世代游戏机的标准。

DualShock 控制器于 1997 年发售，加入了模拟摇杆和双振动电机。

PS one

2000 年，索尼对 PlayStation 进行了升级，推出了一款名为 PS one 的新机型。它改进后的设计比原来的设计更小、更轻，并且可以与可选配的 LCD 屏幕搭配，以获得“半便携”的体验。在美国，它与索尼的新 PlayStation 2 一起发售，售价仅为 99 美元。尽管 PS one 的市场竞争对手是新世代的游戏机，但低廉的价格和大量的热门游戏，还是让它取得了巨大的成功。PS one 在全球销售了 2800 多万台。

PS one 的官方 5 英寸液晶显示屏在发售时定价 129 美元，与 PS one 捆绑销售时，定价 199 美元。

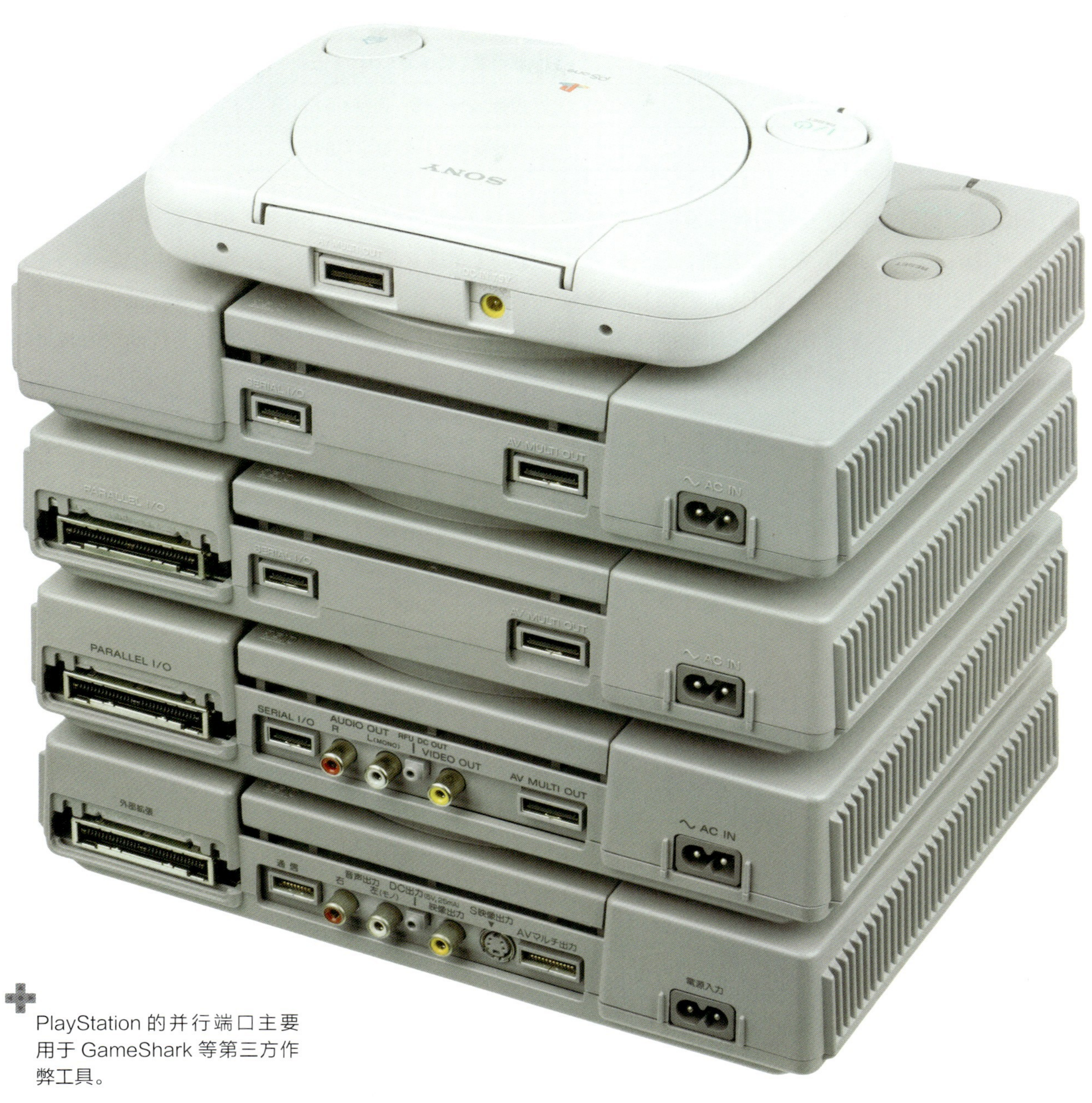

PlayStation 的并行端口主要用于 GameShark 等第三方作弊工具。

PlayStation 的改进

索尼不断改进其家用游戏机和掌上游戏机，使其更小、更便宜、更可靠。随着时间的推移，一些很少使用的功能被删除，主机则变得更加精简。这些改进在最初的 PlayStation 上就可以看到——它的 A/V 插孔、并行端口和串行端口在其生命周期中消失了。

万代 Playdia

1994

上市售价：2.48 万日元	**总销量：**超过 20 万台（估计）
处理器：东芝 TMP87C800F（8 MHz）	**内存：**256 KB　**显存：**512 KB
颜色：16 777 216 种	**游戏发售数：**33 款

Playdia 是日本玩具公司万代开发的一款基于 CD 的游戏机。Playdia 只在日本发售，是一款为儿童和家庭设计的非传统式游戏机。这台游戏机更像一个视频播放器而不是游戏机，它只能播放有限互动的 FMV。Playdia 的大部分游戏是教育类游戏和基于万代版权的热门游戏（如《美少女战士》《高达》《龙珠 Z》)。万代从未打算让 Playdia 与标准的游戏机竞争，它的实际销量并不高，也没有任何第三方游戏。随着 Pippin 的发售，万代对 Playdia 的支持在 1996 年结束。

在 Playdia 问世之前，万代曾生产过《乒》游戏机和 LCD 手持设备。

NEC PC-FX

1994

上市售价： 4.98 万日元	**总销量：** 40 万台（估计）
处理器： NEC V810（21.5 MHz）	**内存：** 2 MB　**显存：** 1.25 MB
颜色： 16 777 216 种	**游戏发售数：** 62 款

32 位主机 PC-FX 是 PC Engine 的继任者，NEC 公司对它的到来期盼已久。PC-FX 在日本市场与土星和 PlayStation 在同一时期发售。然而，与这些游戏机不同的是，PC-FX 不支持多边形 3D 图像，而是专注于 2D 精灵图和全动态视频。这是一个致命的错误，导致昂贵的 PC-FX 在游戏行业迅速过渡到 3D 时显得动力不足和陈旧。以前的 PC Engine 用户也放弃了 PC-FX，选择了更新的游戏机。当 PC-FX 在市场上排在土星、PlayStation 和 N64 之后时，NEC 公司完全退出了游戏机市场。

PC-FX 的大部分游戏是带有大量 FMV 过场动画的动画游戏。

Virtual Boy

上市售价： 179 美元

总销量： 77 万～ 100 万台

处理器： NEC V810（20 MHz）

内存： 1 MB

颜色： 4 种（红色单色）

游戏发售数： 22 款

Virtual Boy 是任天堂的一款半便携式游戏机，其特色是红色 LED 制成的单色立体 3D 显示器。虽然任天堂最初的设想是一个带有头部跟踪的可穿戴面罩，但各种技术上的妥协和限制反而使 Virtual Boy 变成了一个尴尬的桌面游戏机。Virtual Boy 在发行时反响平平，游戏评论员批评该主机成本高、搞噱头和显示效果令人头疼。在经历了几个月的销售低迷之后（甚至降价后销量也没有起色），任天堂停止了 Virtual Boy 的销售。这款游戏机是任天堂罕见的失败产品之一。

Virtual Boy 使用高速振荡镜分别向使用者的左眼和右眼投射图像。

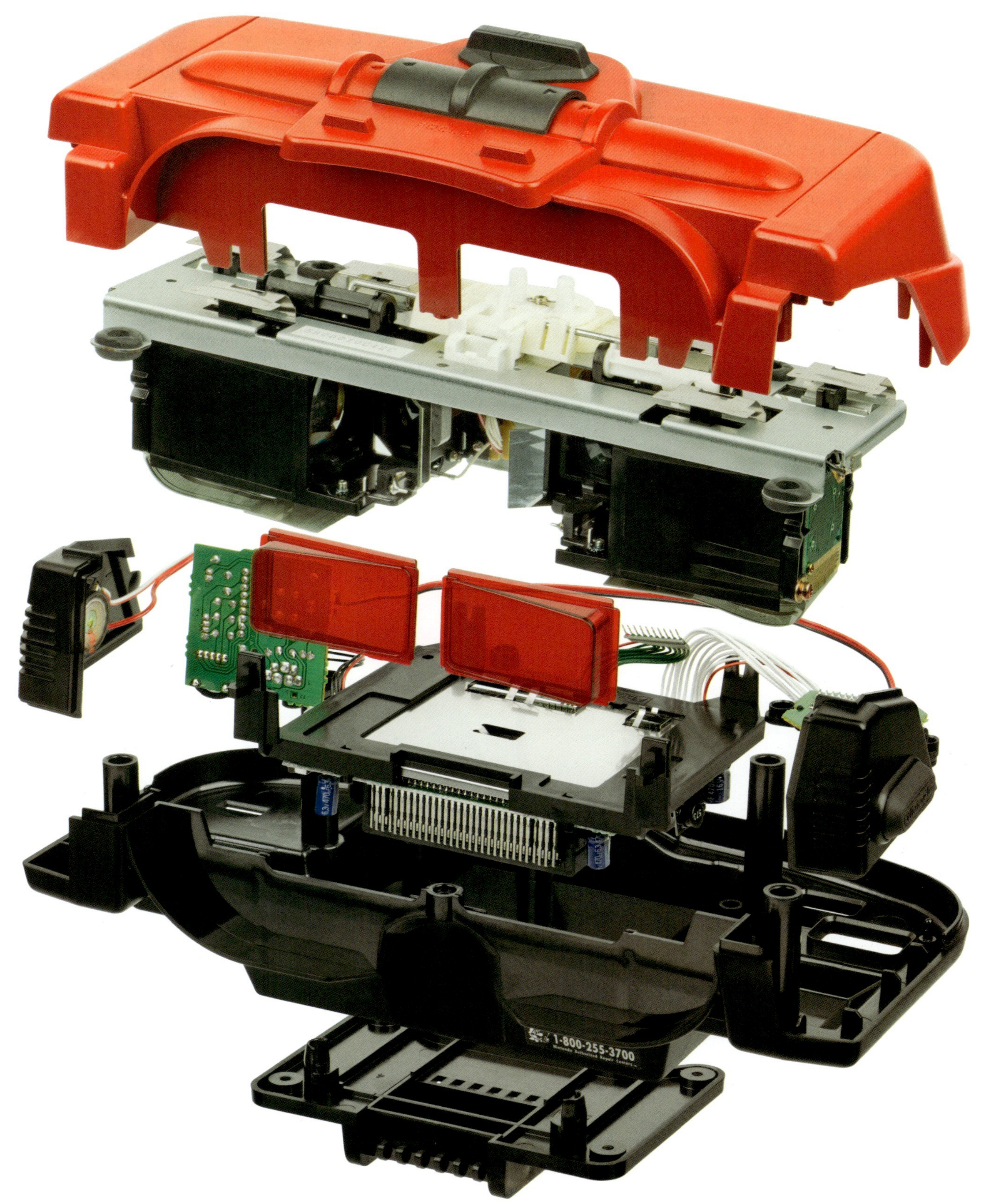
1-800-255-3700

老虎电子 R-Zone

上市售价：29 美元	总销量：未知
处理器：夏普 SM51X（在卡带中）	内存：不适用
颜色：2 种（黑色和白色）	游戏发售数：超过 25 款

老虎电子（Tiger Electronics）是美国的一家玩具和游戏公司，在 20 世纪 80 年代和 90 年代因其 LCD 掌机而闻名。1995 年，老虎电子将掌机整合设计为 R-Zone，将 LCD 屏幕作为透明窗口放入可替换的卡带中。R-Zone 的启动系统是一个奇怪的捆绑式头带，它将卡带的 LCD 屏幕投射到一个小眼罩上。结果，这种设计很难让玩家看到画面，玩起来不方便，也没有多少乐趣。尽管 R-Zone 的价格低廉，还有基于《蝙蝠侠》《星球大战》《真人快打》等热门游戏的游戏库，但这类 LCD 游戏的受欢迎程度急剧下降，R-Zone 系列最终也在 1997 年停产。

老虎电子对流行趋势嗅觉灵敏，会根据当时流行的电影、电视节目和电子游戏，大量生产廉价的 LCD 游戏。

R-Zone X.P.G. 用一个小灯泡将卡带的 LCD 屏幕投影到一面红色的镜子上，这既难看又难玩。

R-Zone 的改版机型

最初的 R-Zone 的头戴设计很花哨，很难使用，老虎电子通过发行各种更传统的 R-Zone 机型来弥补这一点。Xtreme Pocket Gamer (X.P.G.) 是 R-Zone 的一款掌机版型号，可以将 LCD 屏幕投射到红色镜面上。SuperScreen 是 R-Zone 的一款家用机型号，使用灯泡将游戏的 LCD 屏幕投射到大屏幕上。DataZone 是最罕见的 R-Zone 改版机型，它是一款面向青少年的数据管理平台，有一个可以插入 R-Zone 卡带的插槽。

Super A' can

上市售价：2900 新台币	**总销量：**1 万 ~ 2 万台（估计）
处理器：摩托罗拉 68000（10.7 MHz）	**内存：**64 KB　**显存：**128 KB
颜色：32 786 种	**游戏发售数：**12 款

Super A' can 是一款基于卡带的 16 位游戏机，只在中国台湾发售。该游戏机是由半导体制造商联华电子 (UMC) 的一家子公司设计的。联华电子为这款游戏机设计了定制的声音和图形芯片，并与标准的 68000 处理器做了配对。Super A' can 是一款普通且过时的 16 位游戏机，在其发售时，市面上已经有了全新的 32 位游戏机以及成熟的 16 位游戏机（超级任天堂和 Mega Drive），这也注定了 Super A' can 将会失败的命运。这款游戏机在其首次亮相后仅几个月就停产了。

Super A' can 发售时曾宣传会推出 CD 驱动器和 32x 的扩展配件，但这些设备从未发售。

卡西欧 Loopy

1995

上市售价：2.5 万日元	**总销量：**15 万～20 万台（估计）
处理器：日立 SH7021（20 MHz）	**内存：**512 KB
颜色：32 786 种	**游戏发售数：**10 款

在生产 PV-1000 的 12 年后，卡西欧带着 Loopy 重返家用游戏机市场，这是第一款为女孩开发并销售的游戏机。Loopy 仅在日本市场销售，这款卡带式游戏机可以玩带有 2D 图像的简单游戏，但它最突出的特点是内置打印机。热敏打印机可以使用经过特殊处理的纸盒制作彩色贴纸，而 Loopy 的小型化妆游戏和爱情游戏都围绕着“打印贴纸”这一功能展开。用户还可以用一个可选配件来制作自己的定制贴纸，这个配件可以从电视、VCR 或摄像机上导入视频。

在 20 世纪 90 年代中期的日本，“大头贴照相亭”开始流行起来，使用者可以把可爱的图形叠加照片并印在贴纸上。

任天堂 64

上市售价： 199 美元	**总销量：** 超过 3000 万台
处理器： NEC / MIPS 4300i（93.75 MHz）	**内存：** 4.5 MB（可扩展）
颜色： 16 777 216 种	**游戏发售数：** 超过 380 款

第五世代最后的主要家用游戏机是任天堂 64 (Nintendo 64，简称 N64)。这是一款卡带式 64 位游戏机，拥有先进的 3D 图形效果。N64 的发售多次推迟，在第五世代姗姗来迟，这使得索尼凭借广受欢迎的 PlayStation 遥遥领先于任天堂。在 N64 发售后，任天堂努力吸引第三方开发者，但昂贵的游戏卡带和难以编程的架构，让开发者对 N64 望而却步。尽管任天堂在市场上输给了索尼，但《超级马力欧 64》和《塞尔达传说：时之笛》等广受好评的游戏让任天堂 64 取得了口碑上的巨大成功，至今仍被人们怀念。

任天堂 64 的卡带价格昂贵，其平均价格比 PlayStation 和土星的 CD 游戏贵 20 美元。

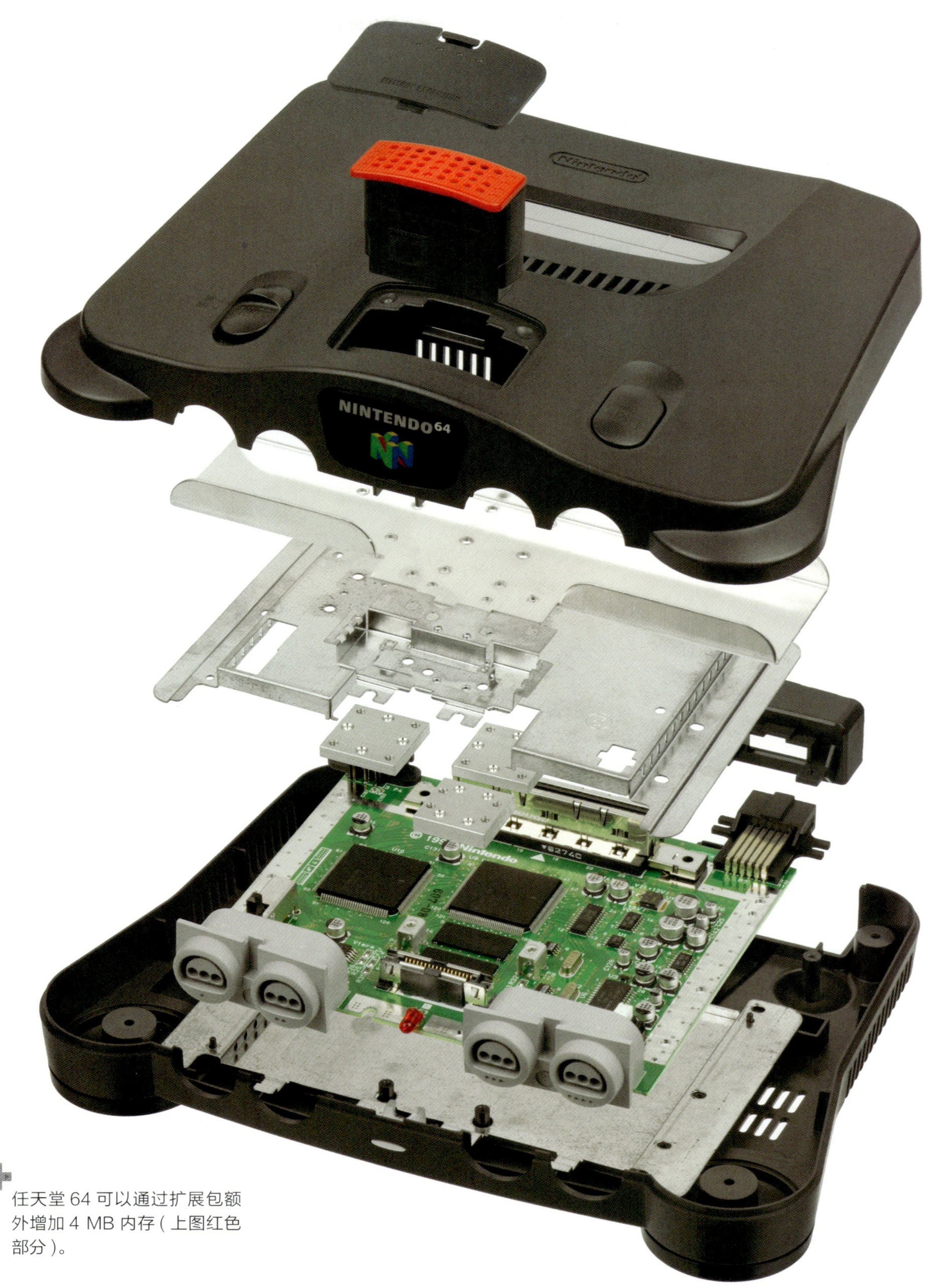

任天堂 64 可以通过扩展包额外增加 4 MB 内存（上图红色部分）。

任天堂 64 的手柄和扩展配件

任天堂 64 不同寻常的“三叉戟”手柄，可以为不同的游戏提供更多的按键设置方法——尽管在现实中很少有游戏会使用它的方向键。手柄下方的扩展接口支持存储卡、Game Boy 卡带适配器和 Rumble Pak（配合游戏中的动作而振动的电机）。

任天堂 64 的手柄的模拟摇杆由塑料部件制成，随着时间的推移，塑料部件会逐渐磨损并变得松动。

任天堂 64DD

64DD 是一个磁盘驱动器配件，可以为 N64 提供更多的存储空间、实时时钟和可重复擦写的磁盘。该配件的目标在于推出任天堂自己独特的磁盘游戏（《塞尔达 64》是该配件的旗舰游戏），以及为卡带游戏的额外内容提供磁盘空间。然而，尽管 64DD 在任天堂 64 发布之前就已经公布，但由于各种问题，64DD 的上市被推迟了 3 年，这导致大多数计划中的游戏不得不被取消或移植到卡带上。64DD 于 1999 年仅在日本市场上发售，之后，任天堂悄悄地放弃了这款配件，因为他们只制作了不到 10 款磁盘游戏。

大多数 64DD 和一个调制解调器，以及一个名为 Randnet 的在线网络浏览的订阅服务捆绑在一起销售。

神游机

神游机（iQue Player）是面向中国市场开发的N64，由任天堂的合作公司中国神游科技公司开发。神游机将N64的硬件整合到了手柄内，使用可移动式闪存卡存储游戏。新游戏可以通过实体店或在线商店购买来加载到存储卡中。

苹果 Pippin

1996

上市售价： 599 美元	**总销量：** 4 万台
处理器： 摩托罗拉 PowerPC 603（66 MHz）	**内存：** 6 MB（可扩展）
颜色： 16 777 216 种	**游戏发售数：** 20 款

Pippin 是苹果计算机公司开发的计算机与游戏机的混合主机，由万代制造和发行。苹果设计该平台是为了将其 Mac 操作系统扩展到多媒体盒子和电子游戏市场，但苹果将所有的推广工作都留给了万代。最终，万代要负责构建系统、制作游戏和广告宣传。这款主机发售后，由于价格高、游戏少、计算机功能有限和零售商少，立刻就成了一场销售灾难。Pippin 在美国和日本的惨淡销量让万代亏损严重，几乎瘫痪。

Pippin 没有硬盘驱动器，这意味着它的操作系统必须存储在多张 CD 上，并在主机启动时加载。

老虎电子 Game.com

1997

上市售价： 69.99 美元	**总销量：** 20 万 ~ 30 万台（估计）
处理器： 夏普 SM8521	**内存：** 不适用
颜色： 4 种（单色）	**游戏发售数：** 20 款

在 R-Zone 失败之后，老虎电子又推出了 Game.com。Game.com 是一款价格低廉的掌机，配有 8 位处理器和黑白图像显示屏。Game.com 的特色是触摸屏和触控笔，并具有 PDA（个人数字助理）功能，如内置日历、电话簿和计算器。该掌机的游戏不多，尽管其中包括《危机生化 2》等令人印象深刻的游戏，但大多是低成本移植，玩法糟糕，游戏的帧率也不稳定。老虎电子在 Game.com 发售一年后，又发布了一个更小、更精简的机型，但销量也不高。

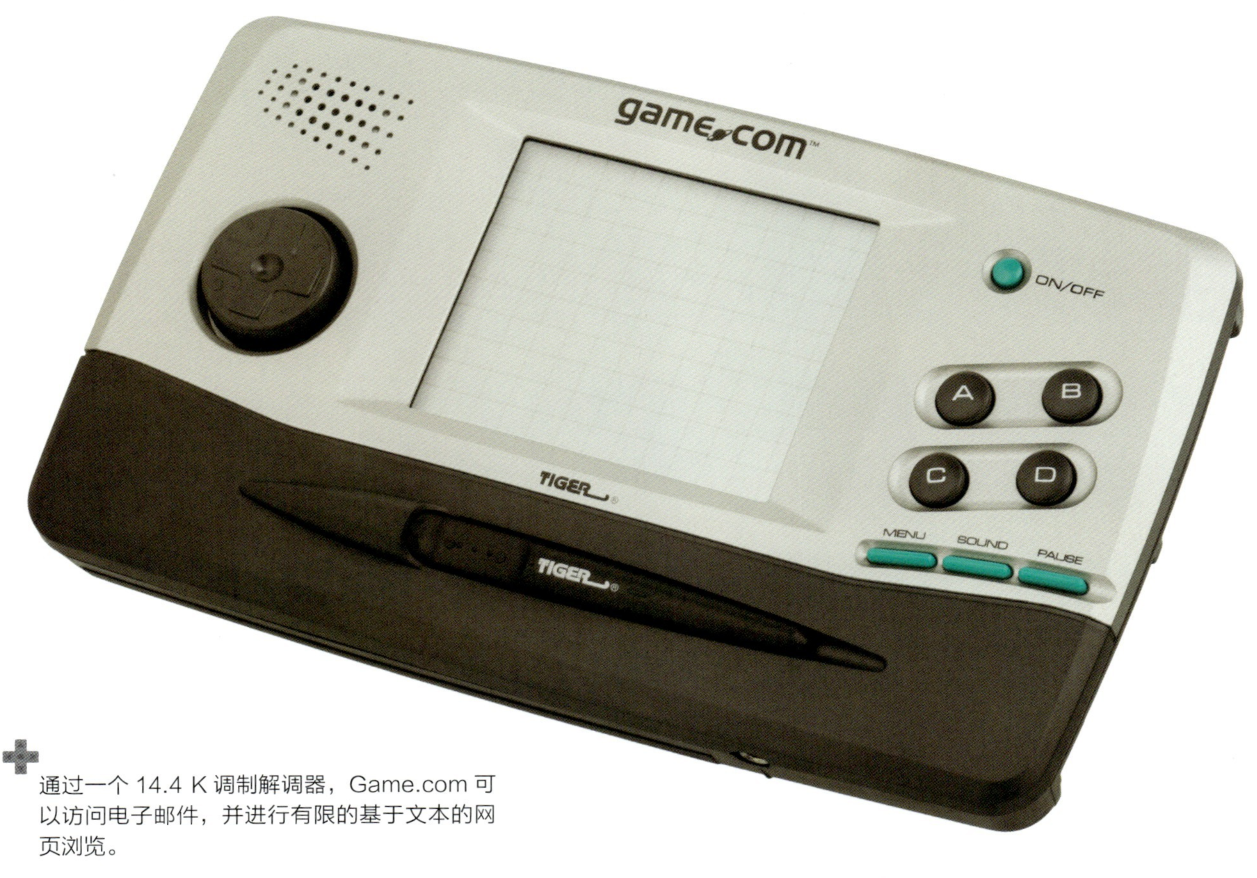

通过一个 14.4 K 调制解调器，Game.com 可以访问电子邮件，并进行有限的基于文本的网页浏览。

Game Boy Color

1998

上市售价：69 美元	**总销量：**超过 1.18 亿台（所有机型）
处理器：夏普 LR35902（4.19 MHz 或 8.39 MHz）	**内存：**32 KB　**显存：**16 KB
颜色：32 768 种	**游戏发售数：**超过 1000 款（所有机型）

Game Boy Color 是 Game Boy 的增强和改进机型，拥有彩色屏幕、更快的处理器和更大的内存。Game Boy Color 完全兼容 Game Boy 的游戏，也可以玩它自己专属的增强版游戏。虽然 Game Boy Color 并非 Game Boy 的正统继任机型，但它也成了任天堂的一个热门产品，部分原因在于它推出了一个新的游戏系列——《精灵宝可梦》。《精灵宝可梦》是一款关于收集和交换“宝可梦”生物的游戏，它成了全球范围的现象级游戏，催生了一个热门动画节目和无数的玩具，也让 Game Boy 在发售近 10 年后重获新生。

Game Boy Color 被誉为“电池寿命之王”，它只用两节 AA 电池就可以运行 30 多小时。

NEOGEO Pocket

1998

上市售价：69 美元	**总销量：**超过 100 万台（所有机型）
处理器：TLCS-900H（6.144 MHz）	**内存：**12 KB　**显存：**16 KB
颜色：原始版：8 种（单色）；彩色版：4096 种	**游戏发售数：**9 款（原始版），超过 80 款（彩色版）

NEOGEO Pocket 是一款来自 SNK 的 16 位掌机，主要面向日本游戏市场发行。这款朴素的双按钮掌机配备了单色 LCD 屏幕，可以玩 SNK 热门街机游戏的简化版本。它在发售后，就面临着来自 Game Boy Color 和 WonderSwan 的激烈竞争，这促使 SNK 在 1999 年迅速发布了新的彩色版（NEOGEO Pocket Color）。然而，随着 Game Boy 系列掌机继续占据市场主导地位，以及 WonderSwan 获得重要的第三方支持，NEOGEO Pocket 还是被挤到了市场的第三名。

最初的 NEOGEO Pocket 仅在日本发售，后来的彩色版则于 1999 年在全球销售。

NEOGEO Pocket Color
可以同时显示 146 种颜色，
远远超过原来的 8 种灰度。

WonderSwan

上市售价：4800 日元

总销量：350 万台

处理器：NEC V20（3.072 MHz）

内存：16 KB（原始版），64 KB（彩色版）

颜色：原始版：8 种（单色）；彩色版：4096 种

游戏发售数：超过 100 款（原始版），超过 90 款（彩色版）

WonderSwan（神奇天鹅）是由前任天堂工程师横井军平设计的 16 位黑白掌机。横井军平是 Game Boy 的创造者，他的新公司 Koto Laboratory 生产玩具、电子游戏和 WonderSwan。WonderSwan 由万代公司开发，并于 1999 年仅在日本市场发售。WonderSwan 和 Game Boy 一样，拥有极为高效的电池系统，使用一节 AA 电池可以运行 24 小时以上。该掌机还有一种奇特的双重操作方法，即可以用垂直和水平两种方式玩，这对 WonderSwan 上的益智游戏很有用。

横井军平在 1997 年的一场车祸中不幸去世，未能看到这款游戏机的上市。

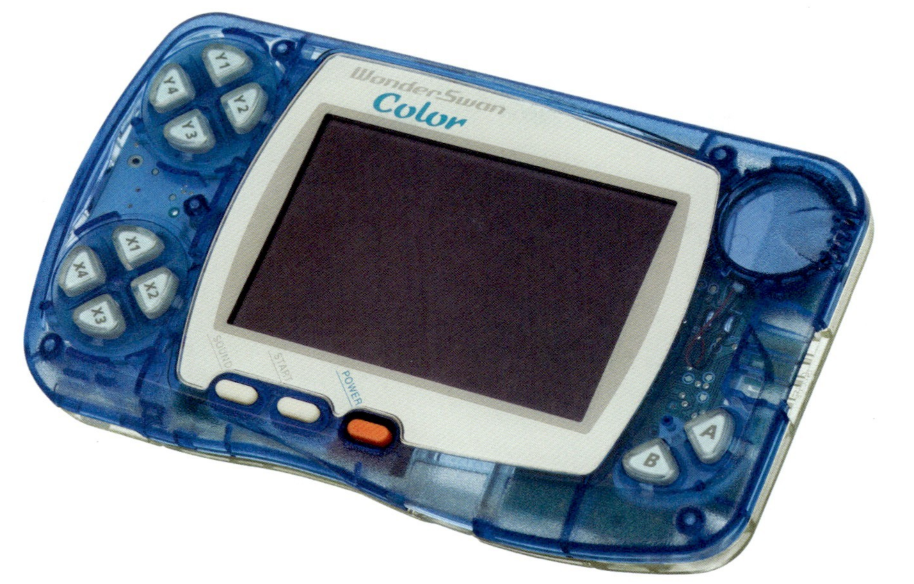

WonderSwan Color 和 SwanCrystal 可以同时显示 4096 种颜色中的 241 种。

从 2000 年开始，史克威尔公司将《最终幻想》和其他角色扮演游戏带到 WonderSwan Color 上，这对该掌机的销售起到了巨大的推动作用。

WonderSwan Color 和 SwanCrystal

WonderSwan 面临的最大挑战是在 Game Boy Color 发布几个月后出现的——Game Boy Color 使彩色图像成为掌机的新标配。在 WonderSwan 发售一年后，万代很快发售了一款新的彩色版掌机 WonderSwan Color。总体而言，WonderSwan 系列获得了一定的成功，这要归功于一些来自第三方的高质量独占游戏，但该掌机无法与强大的任天堂相抗衡。2002 年，万代发售了 WonderSwan 的最终版本——改进了彩色屏幕的 SwanCrystal，但在其发售的第二年就停止了生产。

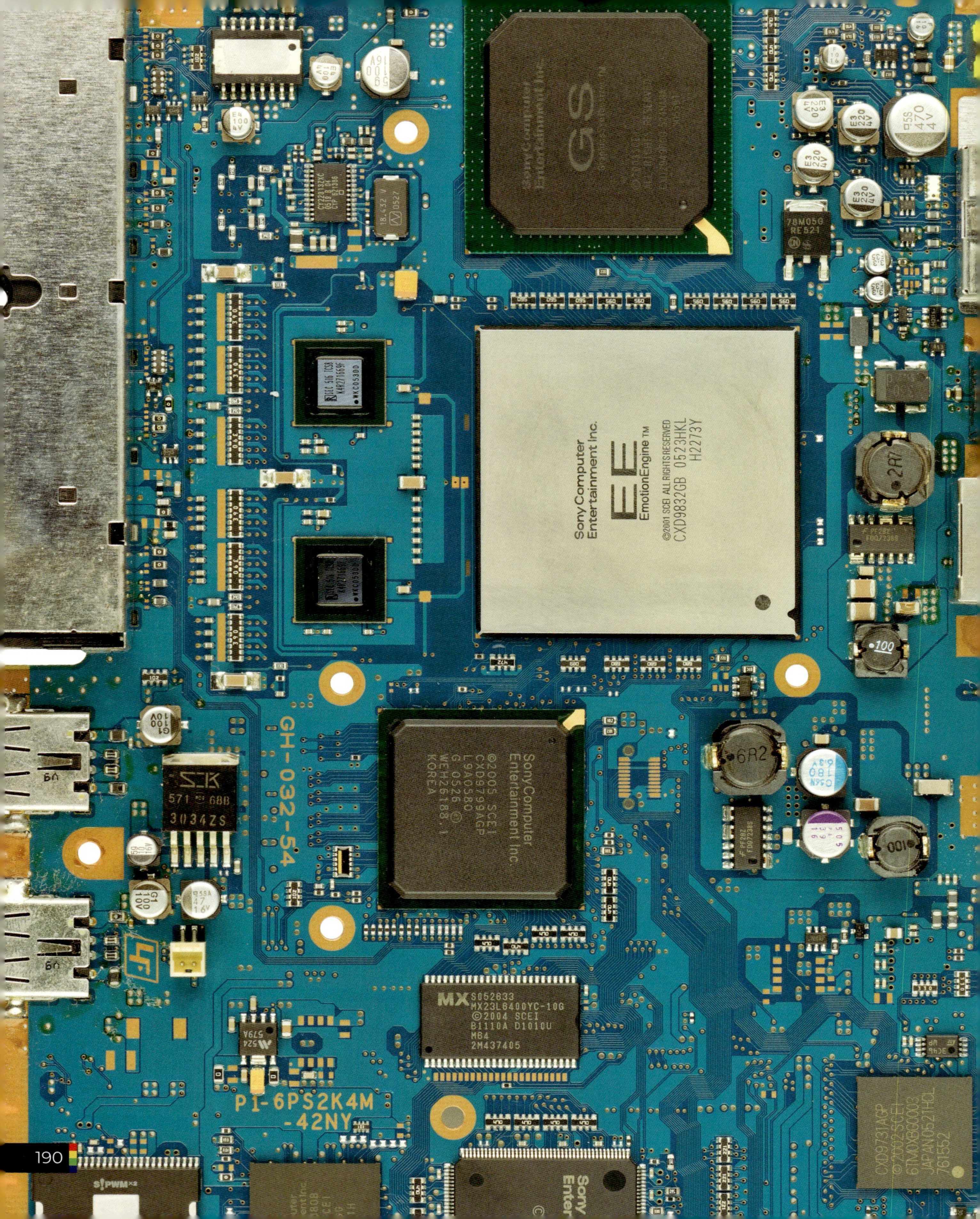

Sony Computer Entertainment Inc.
EE
EmotionEngine™
©2001 SCEI ALL RIGHTS RESERVED
CXD9832GB 0523HKL
H2273Y
GH-032-54
MX
S052833
MX23L6400YC-10G
©2004 SCEI
B1110A D1010U
M84
2M437405
PI-6PS2K4M
-42NY

第六世代

在第六世代，游戏机硬件制造商的数量减少到只有 3 家，因为能够承担发布和支持新游戏机的巨大成本的公司越来越少。索尼凭借其全新的 PlayStation 2 继续占据主导地位，其他所有公司都在争夺第二的位置。世嘉在土星和 Dreamcast 遭受巨大的财务损失后，退出游戏机市场，成了一家第三方游戏开发商。微软，一个新的闯入者，用其雄厚的财力承受了严重的亏损，打造了游戏机 Xbox。任天堂的 GameCube 在与 PlayStation 2 和 Xbox 的竞争中难以脱颖而出，导致该公司放弃了直接竞争，进而转向研究新的创意和新的用户，为下一世代的竞争做准备。

GameCube 的主板（上图），PlayStation 2 Slim 的主板（左页图）

世嘉 Dreamcast

1998

上市售价： 199 美元	**总销量：** 超过 900 万台
CPU： 日立 SH-4 RISC（200 MHz）	**内存：** 16 MB　**显存：** 8 MB
GPU： NEC PowerVR2（100 MHz）	**游戏发售数：** 超过 600 款

在土星游戏机失败后，世嘉的大部分用户转向了 PlayStation。随着公司资金的流失，世嘉已经无法再一次承受失败，因此新的游戏机 Dreamcast 将是它重新夺回失去的市场份额并恢复盈利的最后一搏。在 Dreamcast 上市时，该主机及其游戏受到了好评，但 Dreamcast 没有成为让世嘉在游戏机行业生存下去的重量级热门产品。在经历了 2000 年假日促销季令人失望的销售业绩后，世嘉宣布将停止游戏机硬件制造业务，转而从事其他主机的软件开发和发行业务。

Dreamcast 于 1999 年 9 月 9 日推出，也就是 9/9/99。

每台 Dreamcast 都自带一个拨号调制解调器，可以升级为宽带适配器。

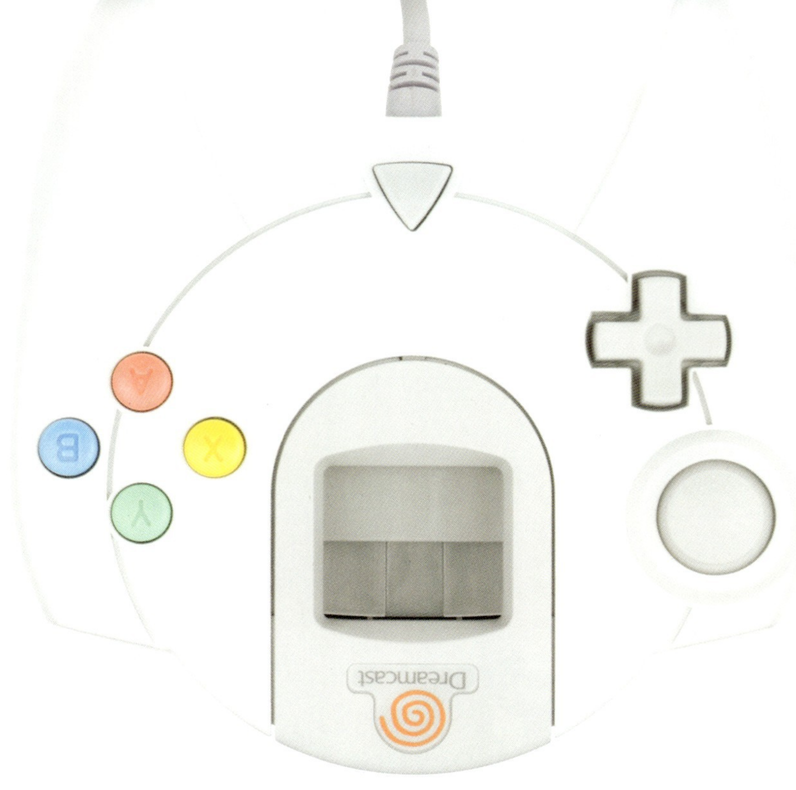

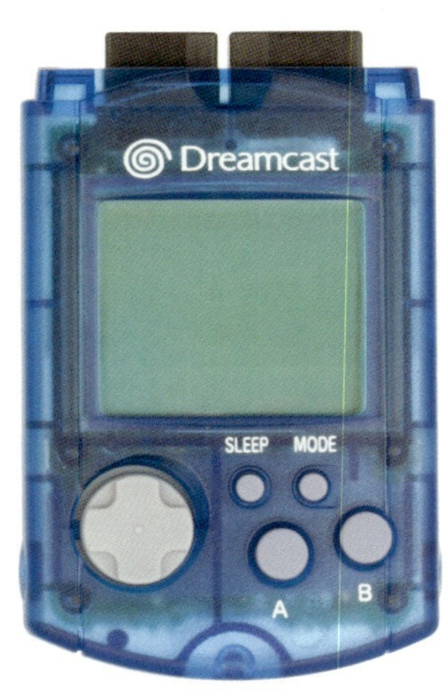

可视存储单元

Dreamcast 笨重的手柄上有两个扩展接口，可以接入存储卡、一个振动电机或一个麦克风。Dreamcast 的存储卡被称为可视存储单元（Visual Memory Unit，VMU），比 N64 手柄的扩展配件先进得多，它集成了一个小的显示屏和独立于主机使用的控件。用户可以在 VMU 上管理和传输游戏存档，或者玩《索尼克大冒险》等从主机上下载的精选小游戏。在游戏过程中把 VMU 插入手柄，小显示屏上还可以显示角色生命值等信息。

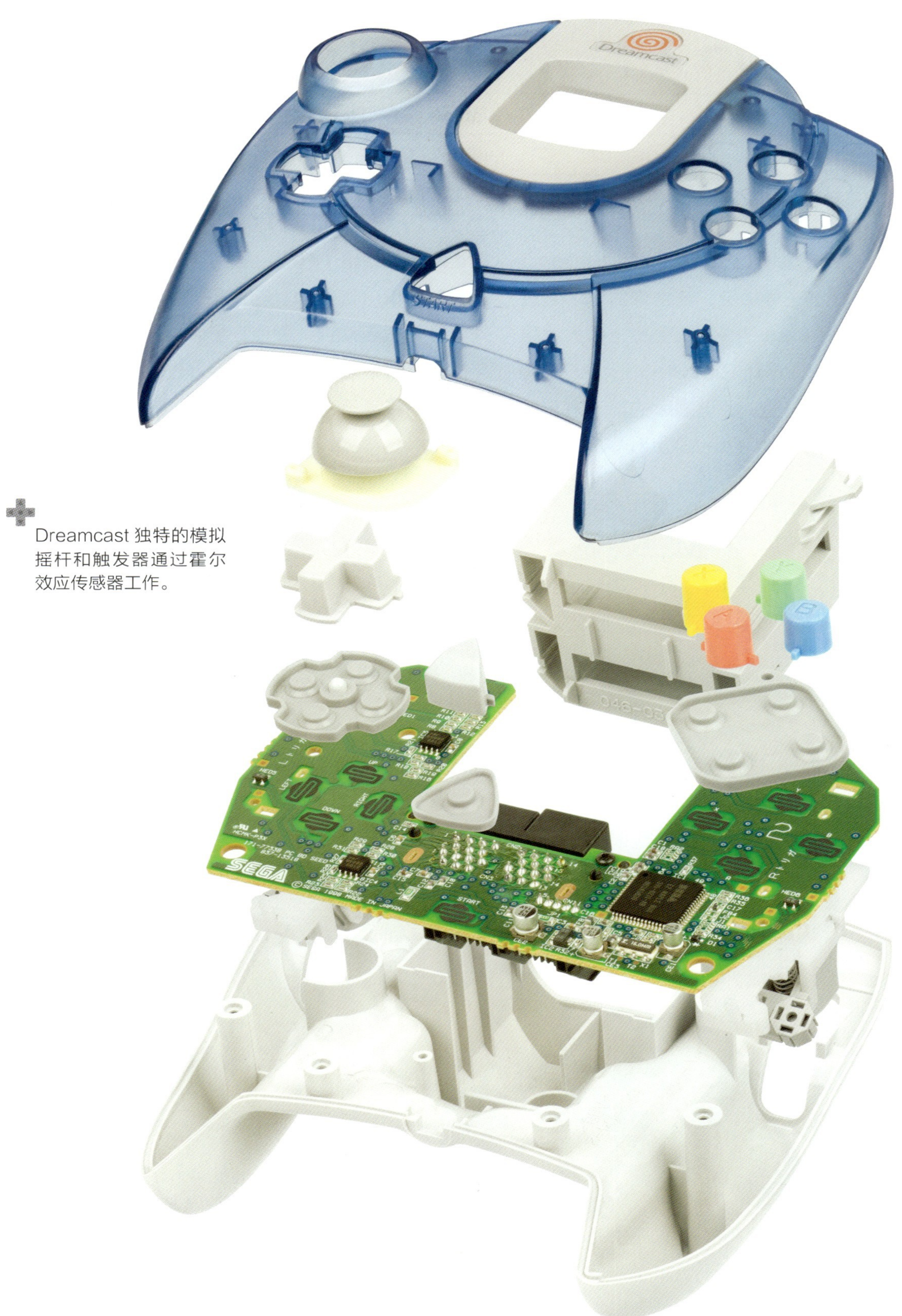

Dreamcast 独特的模拟摇杆和触发器通过霍尔效应传感器工作。

PlayStation 2

上市售价：299 美元	**总销量：**超过 1.55 亿台
CPU：定制版 Emotion Engine（295 MHz）	**内存：**32 MB
GPU：定制版 Graphics Synthesizer（147 MHz）	**游戏发售数：**超过 2400 款

作为有史以来最畅销的电子游戏机，PlayStation 2 在第六世代中占据了主导地位，在全球售出了超过 1.55 亿台。PlayStation 的成功在宣传上极大地帮助了 PlayStation 2，这让 PlayStation 2 在发售时很快就被玩家抢购一空。凭借强大的第三方支持和广受好评的游戏阵容，PlayStation 2 将世嘉 Dreamcast 挤出了市场，摆脱了与任天堂 GameCube 和微软 Xbox 的竞争。在接下来的十年里，这款游戏机一直很受欢迎，即使在 PlayStation 3 发售数年之后，经过重新设计的更轻薄的 PlayStation 2 机型依然畅销。

PlayStation 2 兼容 PlayStation 的游戏、手柄和存储卡。

单独销售的 PlayStation 2 遥控器，它让使用 PlayStation 2 看电影变得更方便。

DVD 电影播放

在 PlayStation 2 发售时，DVD 播放器对人们来说还很新颖，价格也比较昂贵。因此，索尼能够提供一款可以播放 DVD 电影的游戏机（其成本并不比独立 DVD 播放机高多少）便成为该主机的一大卖点。对于许多玩家来说，PlayStation 2 是他们的第一台也是最重要的 DVD 播放机。

PlayStation 2 Slim 系列

延续 PlayStation 的传统，索尼在 2004 年更新了 PlayStation 2，采用了更小、更节能的设计。这款被称为 Slim 的新 PlayStation 2(上图右) 在尺寸和重量上都有显著的缩减，部分原因是它去掉了内部的 3.5 英寸硬盘，并将电源放到了外部。2007 年发售的新款 Slim(上图左) 缩小了内部部件，将电源并入主机，完全取消了外部电源。

PlayStation 2 Slim 有一个用于在线游戏的宽带适配器和一个内置的用于 DVD 遥控的红外传感器。

Nuon

上市售价： 350 美元	**总销量：** 未知
处理器： 定制版四核 Aries 芯片	**内存：** 32 MB（可变）
制造商： 东芝，三星，RCA	**游戏发售数：** 8 款

Nuon 是 VM Labs 公司在 2000 年发售的一款生命周期很短的 DVD 播放器和游戏机的混合机型。Nuon 用 VM Labs 定制的芯片取代了大多数 DVD 播放器的标准视频解码器，这极大地提高了播放器的性能。使用了 Nuon 的芯片后，DVD 播放器实际上变成了一台视频游戏机，其 3D 图像可与 N64 媲美。然而，由于成本的增加，大多数电子制造商对 Nuon 并不感兴趣，只生产了少数的型号。在发售了一些不受欢迎的游戏后，VM Labs 于 2001 年底申请破产。

只有四部 DVD 电影使用了 Nuon 的增强功能：《神鬼愿望》（*Bedazzled*）、《怪医杜立德 2》（*Dr. Dolittle 2*）、《人猿星球》(*Planet of the Apes*，2001) 和《天生爱神》（*The Adventures of Buckaroo Banzai Across the 8th Dimension*）。

GP32

2001

上市售价： 17.9 万韩元	**总销量：** 3 万台
处理器： 三星 ARM920T	**内存：** 8 MB
分辨率： 320 像素 ×240 像素	**游戏发售数：** 超过 25 款

GP32 是韩国 GamePark 公司推出的基于 ARM 平台的掌机，在韩国和欧洲市场销售。与传统游戏机不同的是，GP32 是一个开源平台，使用的是通用存储卡而不是专有的游戏卡带。虽然 GP32 有一个小型的官方游戏库和一些著名的自制游戏，但多数用户主要将其用作便携式模拟器来玩较老的 8 位和 16 位游戏。在它发布之后，来自 GP32 项目的多个工程师另外组成了一个新公司，继续开发专注于模拟器的开源掌机。

GP32 发布过三款不同型号：第一款使用了无背光的 LCD；第二款升级为前照灯的显示屏；第三款为使用了背光的机型（上图）。

Game Boy Advance

2001

上市售价： 99 美元	**总销量：** 超过 8000 万台
处理器： ARM7TDMI（16.8 MHz）	**内存：** 32 KB + 256 KB　**显存：** 96 KB
分辨率： 240 像素 ×160 像素	**游戏发售数：** 超过 1000 款

任天堂花了 12 年时间才创造出一款真正的“掌机接班人”，来取代广受欢迎的 Game Boy。2001 年发布的 Game Boy Advance 在原有 Game Boy 的基础上进行了改进，配备了 32 位处理器、新的肩键和更大的彩色屏幕。凭借强大的第三方支持和第一方畅销游戏（如《精灵宝可梦》和《马力欧赛车》，这些游戏成了任天堂新的亮点），Game Boy Advance 在短短 6 年内售出 8000 多万台。然而，该掌机的一个主要缺陷是屏幕没有背光，这导致在没有直射光的情况下用户很难看清楚游戏画面。这个问题在以后的设计中得以改善。

Game Boy Advance 可以兼容 Game Boy 的游戏，使其总游戏数增加了一倍。

2005 年，任天堂将 Game Boy Advance SP 的前照灯 LCD 屏幕换成背光显示屏，大大提高了屏幕的亮度和饱和度。

Game Boy Advance SP 和 Micro

在 Game Boy Advance 发布 2 年后，任天堂将这款掌机升级为翻盖设计，并将其命名为 Game Boy Advance SP。SP 的尺寸几乎只有原来的一半，配备了内置可充电电池和带前照灯的 LCD 屏幕。2005 年，任天堂发布了 Game Boy Micro，这是一款生命周期较短的掌机，尺寸比最初的版本小得多，并且具有可更换的面板。

Game Boy Advance 读卡器

借助任天堂的读卡器（e-Reader）配件，Game Boy Advance 用户可以通过收集卡片（e 卡）来解锁游戏内容和其他功能。玩家可以通过购买卡片包并扫描打印在卡片边缘的特殊条形码来加载 NES 时期的游戏，如《气球大战》(*Balloon Fight*)、《网球》(*Tennis*）和《街头格斗小子》(*Urban Champion*)。

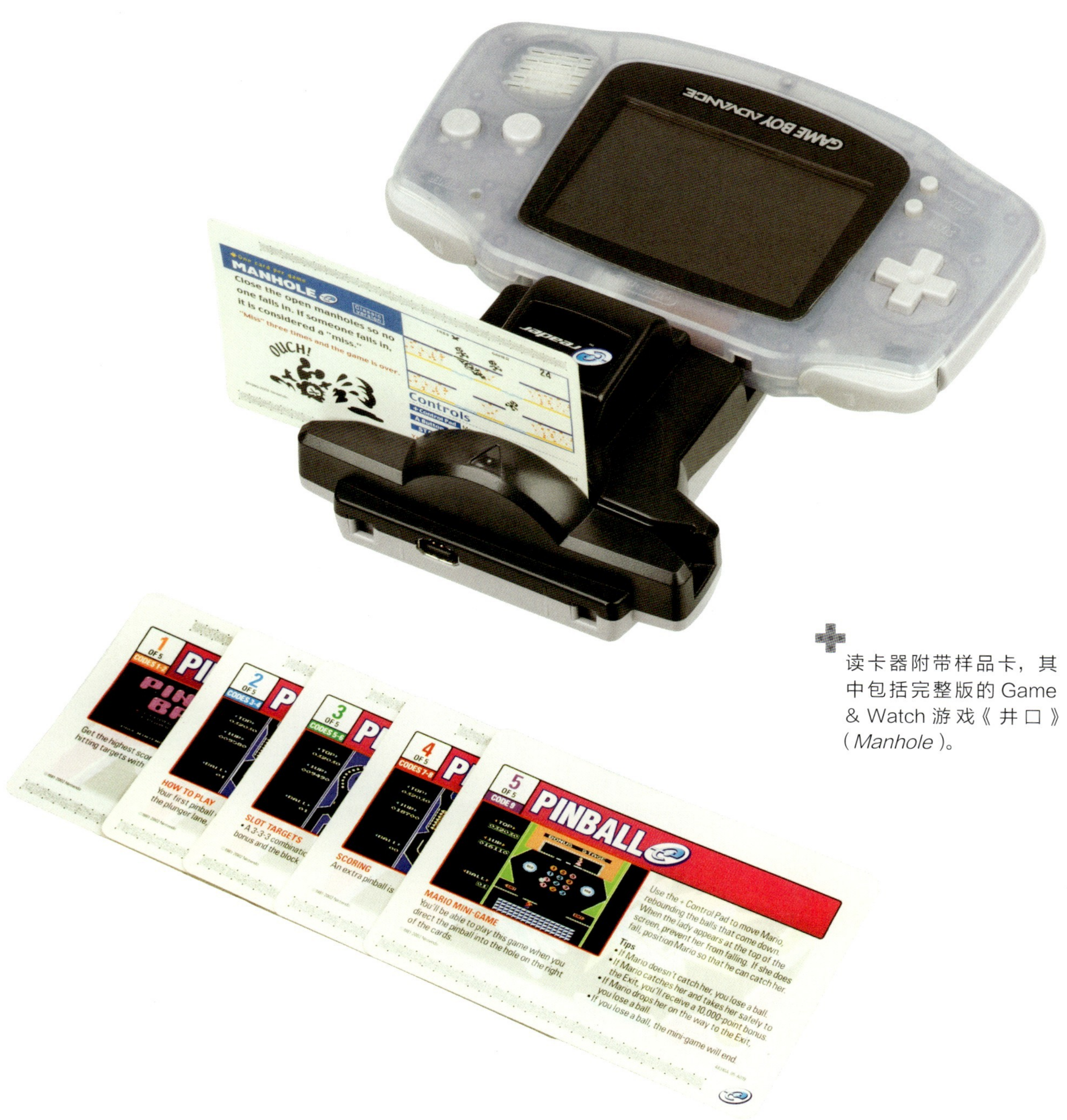

读卡器附带样品卡，其中包括完整版的 Game & Watch 游戏《井口》(*Manhole*)。

GAME BOY ADVANCE
CPU AGB
©2000 Nintendo
AGB-CPU-02

任天堂 GameCube

2001

上市售价： 199 美元	**总销量：** 超过 2100 万台
CPU： 定制版 PowerPC“Gekko”(485 MHz)	**内存：** 24 MB
GPU： 定制版 ATI“Flipper”(162 MHz)	**游戏发售数：** 超过 650 款

任天堂 GameCube（Nintendo GameCube，简称 NGC）是任天堂 N64 的紧凑型继任机型，也是任天堂首款使用光记录媒体的游戏机。NGC 进入了一个竞争激烈的市场，它要与老牌的 PlayStation 2 和资金雄厚的新贵 Xbox 竞争。NGC 更加重视趣味性，拥有高质量的图像，并有强大的独家第一方和第三方游戏库作为后盾。不过，NGC 的立方体外形虽然更对儿童的胃口，却让一些老玩家望而却步。尽管任天堂拥有众多忠实用户，但任天堂的游戏机销量仍呈下降趋势，这让该公司在前进的过程中重新思考了自己在市场中的地位。

NGC 最畅销的游戏是《任天堂明星大乱斗》（*Super Smash Bros. Melee*），全球销量超过 700 万套。

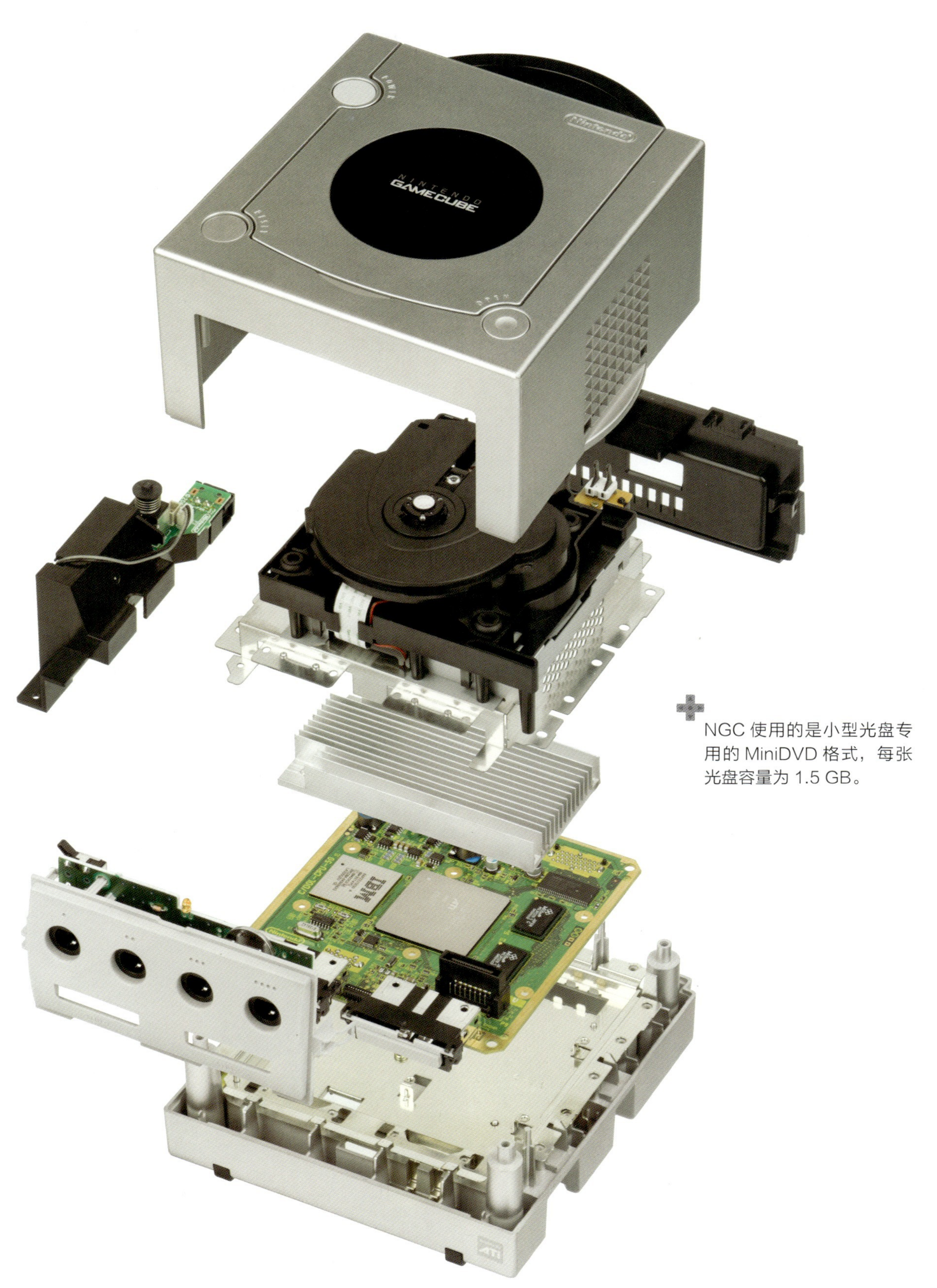

NGC 使用的是小型光盘专用的 MiniDVD 格式，每张光盘容量为 1.5 GB。

松下 Q

NGC 受到的一个主要批评是它不能播放 DVD 电影，而这正是它的主要竞争对手 PlayStation 2 和 Xbox 拥有的功能。为了避免支付 DVD 许可费，任天堂取消了电影播放功能。NGC 甚至无法载入 DVD，因为它选择了小型光盘格式来打击盗版。然而，同时也存在一款可以播放 DVD 电影的 NGC，但它只在日本市场发行。这款 NGC 是由松下公司生产的 DVD 播放器和游戏机的混合机型，被简单地命名为“Q”，其特点是使用了钢制底盘，可直接输出音频 / 视频。Q 是一款昂贵的小众产品，生产规模很小，这使得它成为今天一众收藏家眼中的珍品。

在松下 Q 发售的时候，一个美国玩家可能要花 400 ~ 500 美元来购买这款仅在日本市场销售的改版主机。

NINTENDO
GAMECUBE
MITSUMI
UP
LEFT
RIGHT
DOWN

微软 Xbox

上市售价： 299 美元	**总销量：** 超过 2400 万台
CPU： 定制版英特尔奔腾 III（733 MHz）	**内存：** 64 MB
GPU： 定制版英伟达 XGPU（233 MHz）	**游戏发售数：** 超过 1000 款

索尼 PlayStation 的巨大成功引起了软件巨头微软的注意，它在 20 世纪 90 年代末开始开发自己的游戏机。微软的游戏机开发成果就是 Xbox，一台比 PlayStation 2 和任天堂 GameCube 拥有更多功能和更优图形效果的强大主机。微软为了在这个市场站稳脚跟，付出了巨大的代价，它在亏本销售主机的同时，还付费购买独占游戏和开展大规模广告宣传活动。好在这些激进策略奏效了，虽然 Xbox 不像 PlayStation 2 那么受欢迎，但凭借其在美国市场的表现，它击败了老牌厂商任天堂，获得了第二名的位置。

Xbox 有一个内置的宽带适配器，用于本地网络和在线游戏。

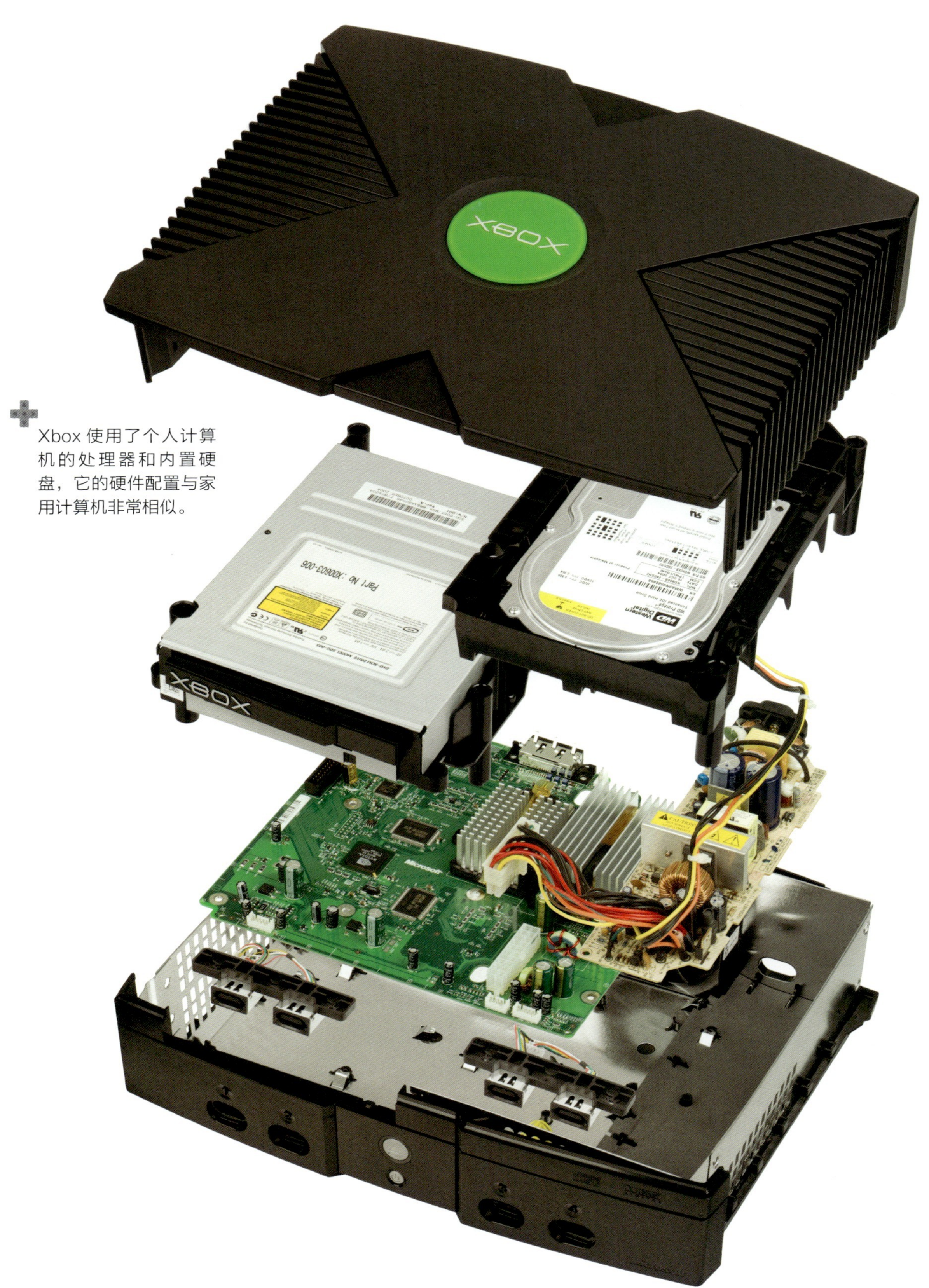

Xbox使用了个人计算机的处理器和内置硬盘，它的硬件配置与家用计算机非常相似。

Xbox 最初的手柄是“杜克”（Duke，上图），2002 年它被更小的“S”（下图）所取代。

Xbox 的手柄有两个扩展接口，可以装配存储卡或耳麦适配器。

诺基亚 N-Gage

上市售价： 299 美元	**总销量：** 300 万台
处理器： ARM920T（104 MHz）	**内存：** 8 MB
分辨率： 176 像素 ×208 像素	**游戏发售数：** 超过 50 款

N-Gage 是手机巨头诺基亚开发的一款手机和掌机混合型产品。在 N-Gage 发售时，该产品遭到了许多游戏评论员的批评，他们批评 N-Gage 设计笨拙，电池寿命短暂，竖屏式的屏幕不适合大多数游戏。N-Gage 的销量远低于诺基亚的预期，大多数玩家无视了这一产品，选择了像 Game Boy Advance 那样的游戏专用掌机。针对诸多问题，诺基亚下调了 N-Gage 的价格，并在 2004 年推出名为 QD 的改版机型，修正了一些原来的设计缺陷，但这些举措并没有增加销量，从而导致 N-Gage 在 2006 年停产。

2008 年，N-Gage 作为诺基亚精选手机的数字下载游戏平台重新“复活”，但这项服务在 2009 年停止。

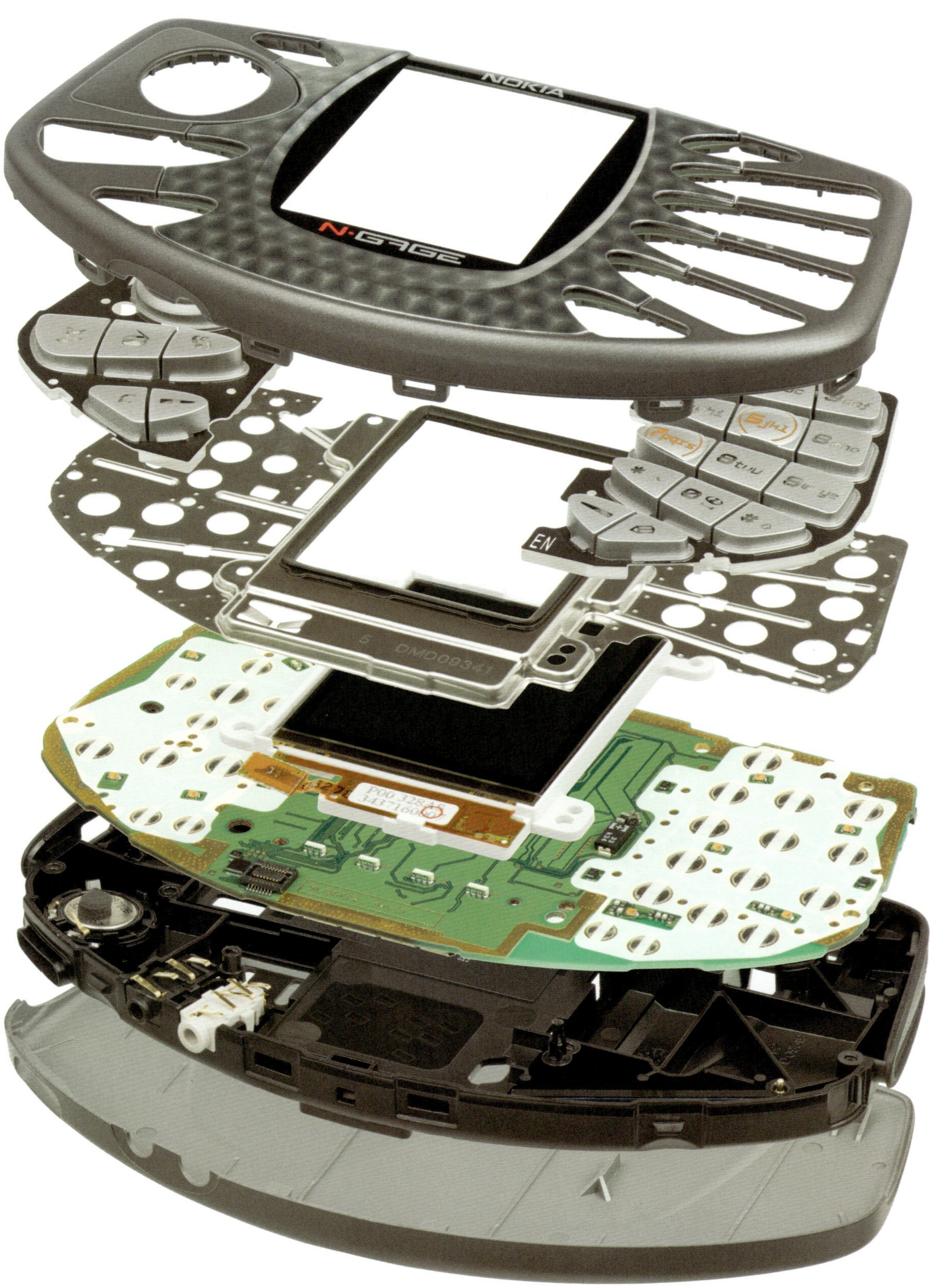
NOKIA
N·GAGE
EN
DMD09341

Tapwave Zodiac

上市售价：299 美元 (32 MB), 399 美元 (128 MB)	**总销量：**5 万台（估计）
处理器：摩托罗拉 ARM9（200 MHz）	**内存：**32 MB 或 128 MB　**显存：**8 MB
分辨率：480 像素 ×320 像素	**游戏发售数：**超过 40 款

Zodiac 是一款面向成年人的高端掌机，由 Tapwave 公司在 2003 年底发售。Zodiac 基于 PDA 的操作系统 Palm OS，是一款结合了掌机和 PDA 功能的混合设备。在其发布时，来自媒体和游戏评论员的反馈都是积极的，评论员纷纷称赞这款掌机的彩色大屏幕和多媒体功能。然而，Zodiac 也遭遇了一些问题，如目标群体有限、零售表现不佳和消费者认知度低等。当索尼在 2004 年推出 PSP 时，人们对作为游戏平台的 Zodiac 的兴趣大大减弱，Tapwave 在 2005 年年中停止了这款掌机的生产。

Zodiac 有自己的独占软件，也可以使用 Palm OS 5 的应用程序和游戏。

XaviXPORT

上市售价：79 美元	**总销量：**未知
处理器：定制版 SuperXaviX（在卡带中）	**内存：**不适用
控制器：保龄球，球棒，球拍，钓竿	**游戏发售数：**超过 10 款

XaviXPORT 是一款基于体感运动游戏的主机，它的发售时间比任天堂的《Wii 运动》（向玩家普及了体感运动的理念）还要早两年。XaviXPORT 使用了红外运动传感器和形状像真实运动器材的无线控制器，将客厅打造成了一个能够进行网球、保龄球、拳击、钓鱼和棒球等运动的场所。尽管与《Wii 运动》具有相同的理念，但 XaviXPORT 的游戏只是 2D 的，而且它的体感控制远不够精确。XaviXPORT 由日本新世代公司设计制造，该公司的销售能力不佳，市场营销也很有限，所以该主机没有引起人们太多的注意。

XaviXPORT 有一个可选配的体重秤，可以跟踪用户的体重变化情况，并提供锻炼计划。

伟易达 V.Smile

上市售价： 59 美元	**总销量：** 超过 400 万台（所有机型，估计）
处理器： Suntech SPG2XX	**内存：** 不适用
替代机型： Pocket, Cyber Pocket, Baby, PC Pal	**游戏发售数：** 超过 70 款

V.Smile 是伟易达公司的一款学习型游戏机。伟易达公司是一家以生产学习玩具、手机和 1988 年的 Socrates 游戏机而闻名的电子产品制造商。V.Smile 外形圆润，色彩丰富，吸引了那些希望给孩子购买比 PlayStation 2 或 Xbox 更便宜、更安全的游戏机的家长。V.Smile 的特色是具有简单、廉价的游戏，这些游戏内含教育元素（如计数和拼写），采用卡通 2D 图形，而且只有基础的玩法。由于非常受欢迎，V.Smile 系列被扩展为多种主机，包括 2005 年的便携式 V.Smile Pocket 系列和 2008 年基于体感控制的 V-Motion。

V.Smile 的顶部有一个储存空间，用来存放额外的游戏卡带。

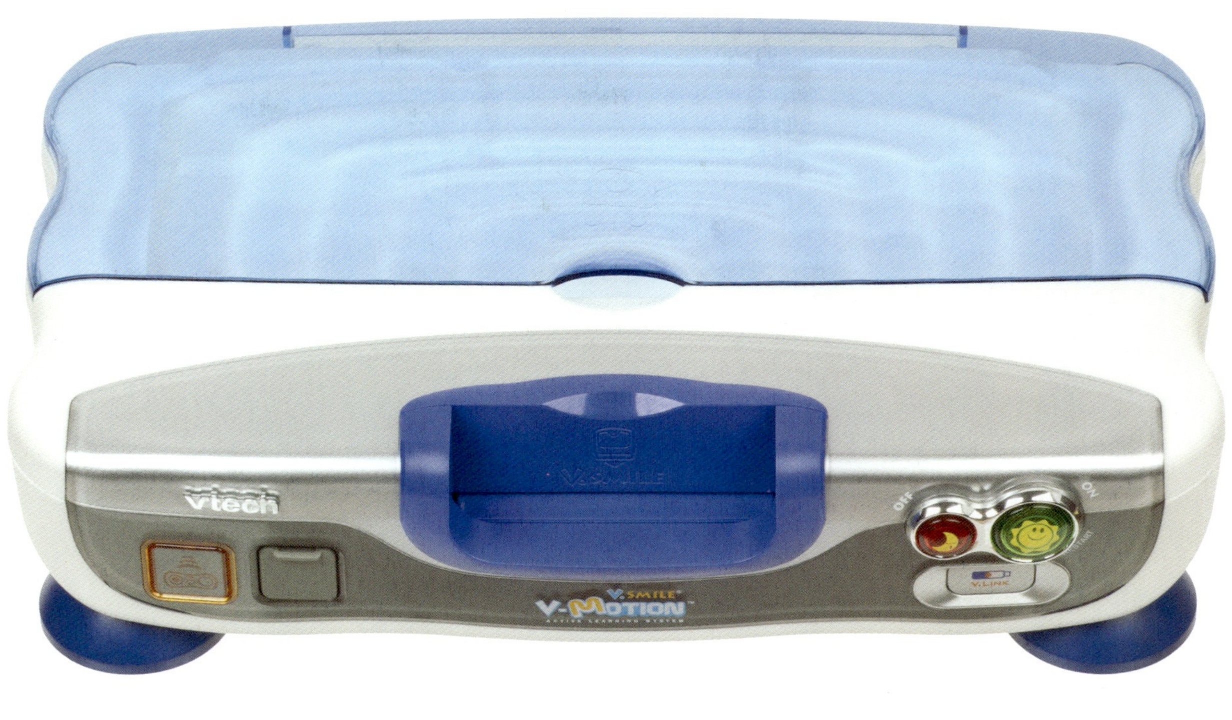

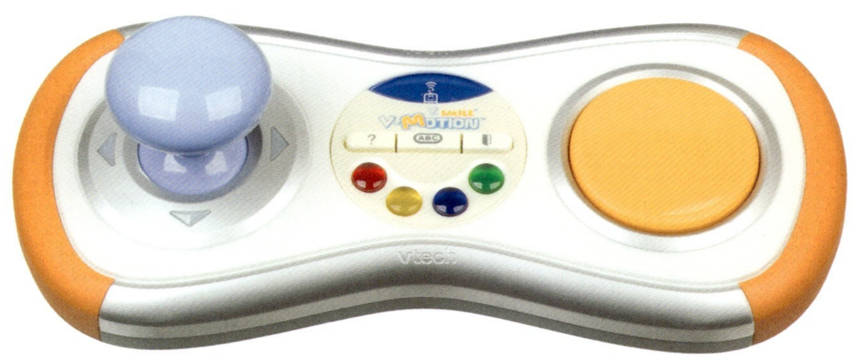

V.Smile V-Motion

2008 年，伟易达公司发布了 V-Motion。这是一款升级版的 V.Smile，采用了新的外壳设计和体感控制器。该游戏机附带了《动作达人》(*Action Mania*)，这是一系列基于体感控制的迷你游戏。然而，这些游戏中的体感控制是有限的，主要通过倾斜控制器来控制屏幕上的角色向左或向右移动。V-Motion 还设置了新的 Vlink 接口，该接口使用一个特殊的 U 盘，可以保存游戏的分数并将分数传输到计算机上。VLink 还能与伟易达 V.Smile 的官方网站联动，额外解锁基于 Flash 的网页游戏。

Microsoft
Microsoft XBOX360
Microsoft XBOX 360

第七世代

游戏机的第七世代，是高清和在线游戏的时代。这个世代仅由三大“玩家”主宰——微软、索尼和任天堂。索尼和微软的主机，拥有最尖端的多核处理器，在新型高清电视上为用户提供了令人震撼的画面效果；任天堂则反其道而行之，用一台体感控制型主机和一台双屏掌机，获得了不可思议的巨大成功。

随着高速网络的普及，世界变得更加紧密相连，这让在线游戏、数字发行和流媒体成为主流。此外，触屏智能手机和平板设备这些新平台的出现从根本上改变了游戏环境，它们给游戏世界带来了更广泛、更多元的玩家群体。

Playstation 3 Slim 的主板（上图），Xbox 360 的主板（左页图）

PlayStation Portable

上市售价：249 美元	**总销量：**超过 8000 万台
CPU：MIPS R4000（222 MHz，最高 333 MHz）	**内存：**32 MB（后续机型有 64 MB）
分辨率：480 像素 ×272 像素	**游戏发售数：**超过 1500 款

PlayStation Portable（简称 PSP）是索尼的第一款掌机。这台高端的设备提供了高质量的 3D 图形、网页浏览、多媒体播放等功能。PSP 拥有强大的定制处理器，它小巧的光驱所使用的光盘能承载高达 1.8 GB 的数据。毫无疑问，跟之前的掌机比，PSP 的功能与性能都有了质的飞跃。软件方面，PSP 的游戏库囊括了各种独占和便携版的流行主机游戏，还包括可通过模拟器玩到的经典 PlayStation（PS1）游戏。借助 PlayStation 的品牌价值和海量游戏，这台多功能掌机在全球范围内售卖超过 8000 万台，成了索尼的成功之作。

PSP 的内置存储卡也可用于存储游戏和媒体文件，数字内容可通过专门的在线商店获取。

PSP Go

2009 年索尼发布了 PSP 的衍生机型—— PSP Go。这台掌机去掉了光驱，取而代之的是 16 GB 内置闪存。虽然如今人们对纯数字版设备已经习以为常，但 PSP Go 在发售之初，因其相较普通版 PSP 更高昂的价格和更少的功能，被认为“对很多消费者来说限制太多”。PSP Go 销量惨淡，最终在 2011 年停产。

任天堂 DS

上市售价： 149 美元	**总销量：** 超过 1.54 亿台
处理器： 双 ARM7 和 ARM9	**内存：** 4 MB（DSi 和 DSiXL 是 16 MB）
分辨率： 256 像素 ×192 像素（两个屏幕）	**游戏发售数：** 超过 2000 款

当索尼公开即将推出的 PSP 时，任天堂的 Game Boy Advance 只有两岁，来自同行的压力迫使任天堂必须拿出自己的新型 3D 掌机去竞争。当时，任天堂选择用 DS 去回应索尼的 PSP。DS 是一台双屏掌机，虽然它的性能比不上 PSP，但价格更便宜，而且还有触控笔式触摸屏这样有趣的设计。这台掌机吸引了一大群休闲玩家，他们喜欢像《脑锻炼》和《任天狗》这样很有特色的游戏，当然还有《精灵宝可梦》这样的任天堂独占系列。最终，DS 意外地获得了巨大成功，并成为任天堂历史上卖得最好的主机。

DS 和 DS Lite 都有第二个卡带槽，提供针对 Game Boy Advance 游戏卡带的向下兼容功能。

DS Lite 和 DSi 型号

2006 年，任天堂用外形更轻薄、屏幕更亮的 DS Lite（上页图），代替了原版的 DS 。到了 2008 年，DS 系列再次更新，发布了 DSi（右页图）。DSi 加入了一个更快的处理器，具有更多内存、256 MB 存储、一个 SD 卡槽、两个摄像头，以及它自己的在线商店。DS 的最后一个型号是 2009 年的 DSi XL（本页最上图，绿色）——一个有更大屏幕的超大尺寸版本。

MIC
X
Y
A
B
START
SELECT
POWER

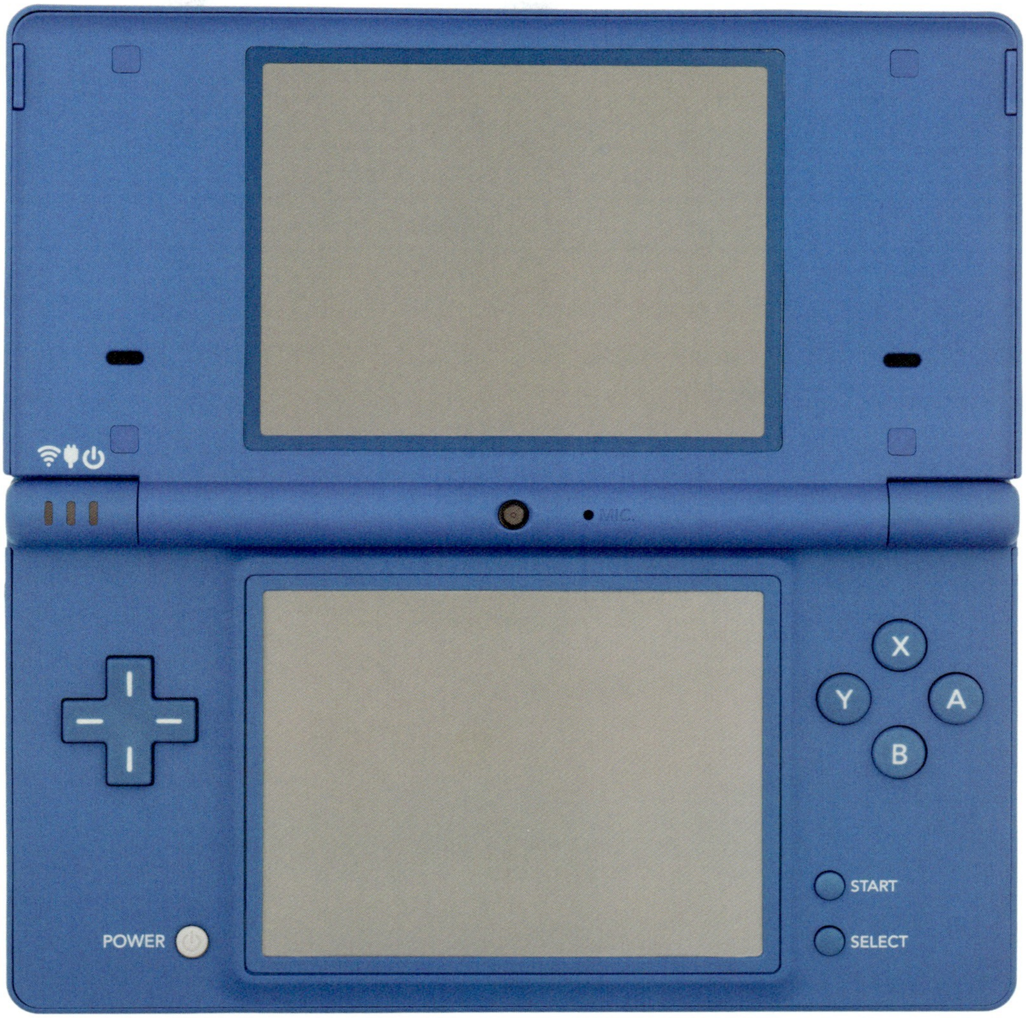

Gizmondo

上市售价： 399 美元	**总销量：** 2.5 万台（估计）
CPU： 三星 ARM 9（400 MHz）	**内存：** 64 MB
分辨率： 320 像素 × 240 像素	**游戏发售数：** 14 款

Gizmondo（吉兹蒙多）是由老虎通信公司（Tiger Telematics，不要把它与老虎电子搞混）开发的一台运行 Windows CE 操作系统的掌机。正如它的宣传语——“我，无所不能”（I can do anything）所说的那样，Gizmondo 还有一些非游戏的高级功能，比如 GPS 定位跟踪、内置 VGA 摄像头、网页浏览，以及多媒体播放功能等。然而，这款游戏机非常昂贵，在零售渠道供货有限，而且它的主要销售渠道是商场售货亭和该公司位于伦敦的唯一一家旗舰店。总之，Gizmondo 销量不佳，总共卖出 2.5 万台左右，这加速了老虎通信公司的衰败。最终，仅在 Gizmondo 首次亮相后的数月，老虎通信公司就宣布破产了。

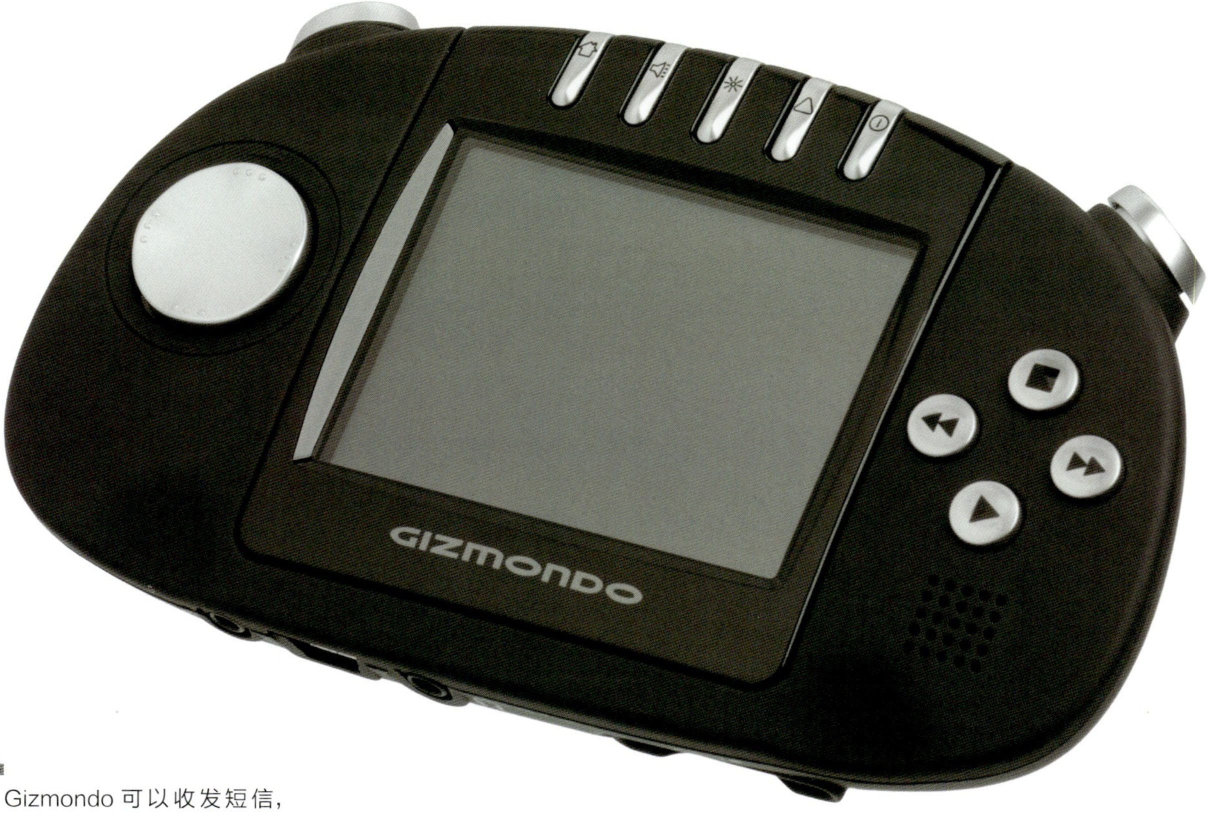

Gizmondo 可以收发短信，但不能接打电话。

Game Wave

上市售价：99 美元	**总销量：**5 万 ~ 7 万台（估计）
CPU：Mediamatics 8611	**内存：**16 MB
协处理器：Altera CPLD	**游戏发售数：**13 款

Game Wave 是 ZAPiT 游戏公司开发的一款将游戏机和 DVD 播放器融为一体的混合机型，不过它 DVD 播放器的属性要强于游戏机的。这台机器使用的是低功耗处理器，它的游戏体验非常有限，只有静态的、以菜单为主的画面和预渲染的视频片段。这台机器可以用来玩些简单的多人小游戏或者益智游戏，只能满足更休闲、更重视合家欢的人群。Game Wave 的手柄很像电视遥控器，最多支持 6 人同时玩。Game Wave 本就不是什么畅销商品，再加上有限的市场营销和过低的零售渠道上架率，这些所导致的糟糕成绩让 ZAPiT 在 2009 年就抛弃了 Game Wave。

Game Wave 是唯一一款在加拿大开发的主机。

Xbox 360

上市售价：299 美元（无硬盘），399 美元（20 GB）	**总销量：**超过 8400 万台
CPU：三核 IBM“Xenon”（3.2 GHz）	**内存：**512 MB
GPU：ATI“Xeno”，频率 500 MHz	**游戏发售数：**超过 2000 款

微软的 Xbox 360 在发售之时，就拥有对标高端 PC 的高清画面，可以说它把主机游戏体验带入了一个新纪元。Xbox 360 是为了宽带时代设计的，它把重心放在了在线游戏上，新增了诸如数字商店和游戏内成就等设计，这些新特征重新定义了现代主机。相较于 PlayStation 3，Xbox 360 的价格更低廉，而且在多平台游戏表现上总体更优，再加上 Xbox 360 提前了一年抢跑发售，这就让微软成为与索尼旗鼓相当的对手。最终这款主机全球销量超过 8400 万台，成为微软有史以来销量最高的主机。

早期的 Xbox 360 经常遇到硬件问题所导致的系统崩溃、主机变“砖”，一圈三个红灯同时亮起的问题，这就是臭名昭著的“三红”问题。

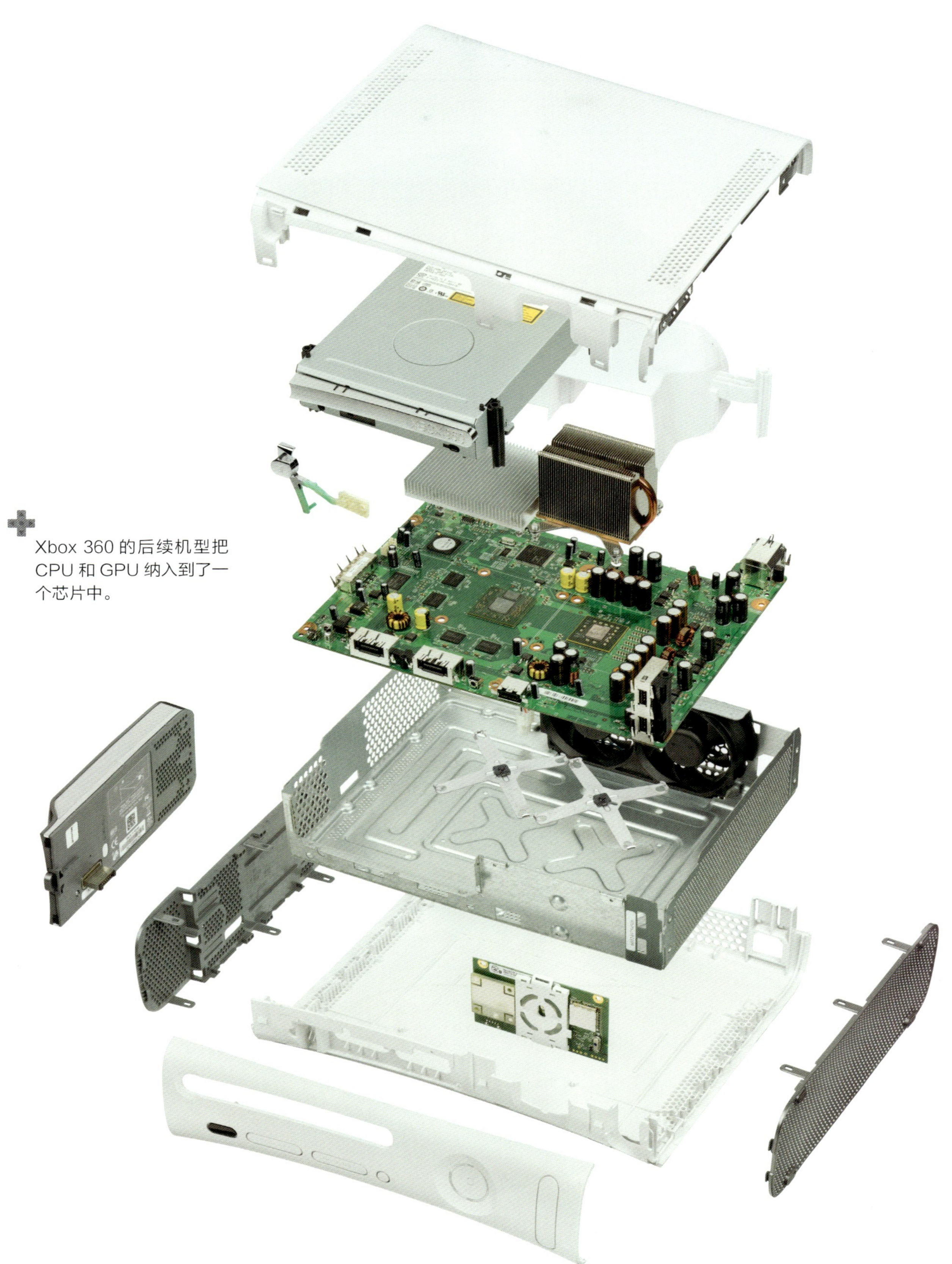

Xbox 360 的后续机型把 CPU 和 GPU 纳入到了一个芯片中。

Xbox 360 的其他型号及改版型号

2007 年发售的 Xbox Elite 拥有 120 GB 硬盘并加入了后来成为标准配置的 HDMI 接口。这个版本售价更高，为 479 美元。

Xbox 360 S 发售于 2010 年，是一款更轻巧、能效更高的改版机型，加入了内置 Wi-Fi 功能。

Xbox 360 E 发售于 2013 年，和 S 版相比只重新设计了外形，并且它是和 Xbox One 一起公布的。

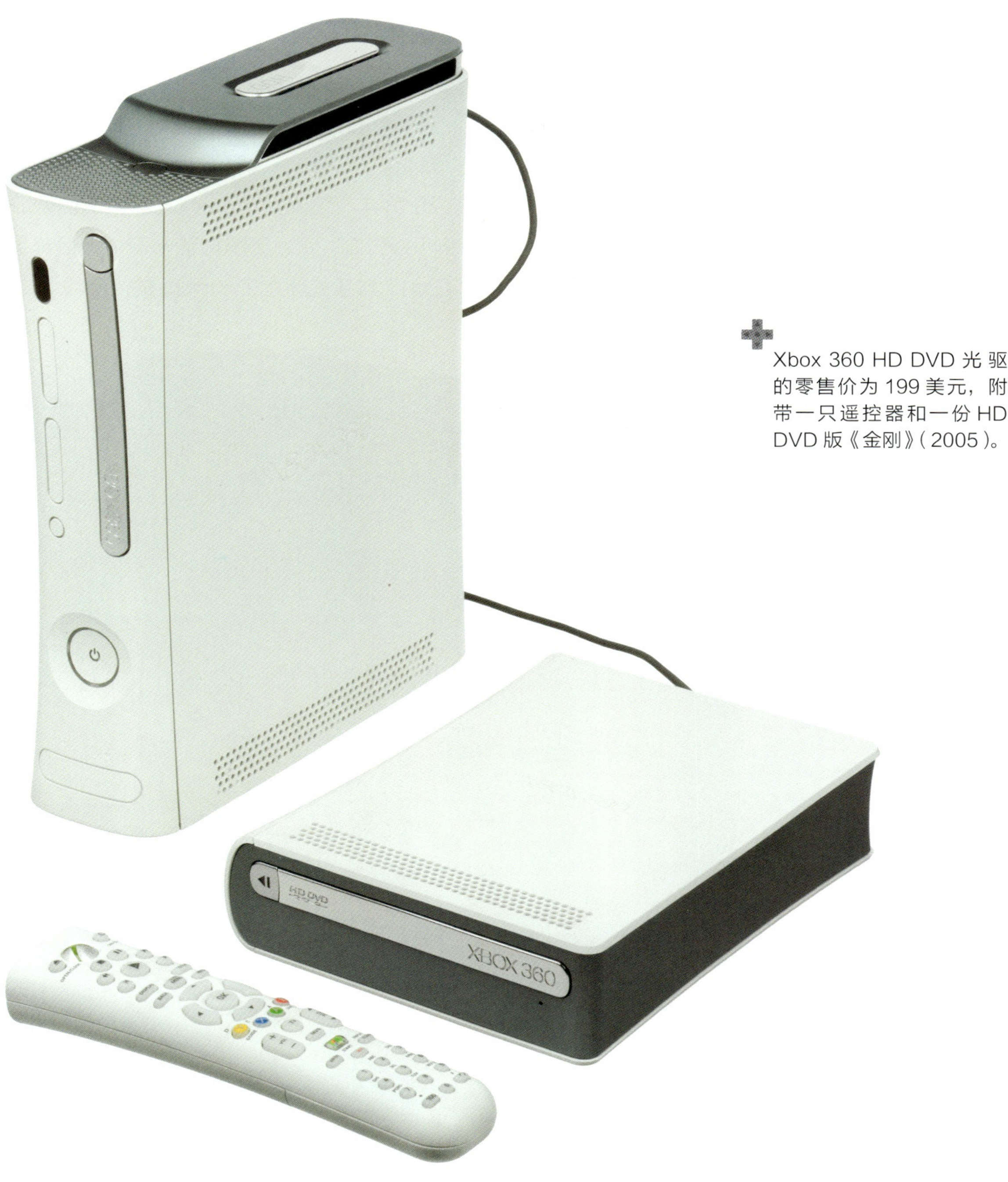

Xbox 360 HD DVD 光驱的零售价为 199 美元，附带一只遥控器和一份 HD DVD 版《金刚》(2005)。

HD DVD 光驱

随着 HD DVD 和蓝光两种高密度光盘格式的推出，2006 年，一场新的“格式大战”被引爆了。这两种格式都可以储存数据和高清电影。索尼支持蓝光，并在它的 PlayStation 3 上使用了这种格式；微软则支持 HD DVD ，它发布了一款外置光驱，用以实现在 Xbox 360 上播放电影。然而，HD DVD 光驱只活跃到 2008 年，HD DVD 格式也被弃用，蓝光最终赢得了这场格式大战的胜利。

Kinect

Kinect 是一款应用于 Xbox 360 的动作传感控制器，发售于 2010 年。这套设备采用一系列摄像头和传感器来捕捉玩家的身体动作，并把他们的动作转换为屏幕上的操作。Kinect 设备很适合休闲聚会游戏，比如《舞力全开》系列，但是它与核心游戏融合的尝试却非常不成功。随着 Kinect 变得不再新奇，玩家和游戏开发商也同样热情不复。即便在 2013 年，随着新 Xbox One 推出的第二代 Kinect（见第 309 页）又挣扎了一下，但最终微软还是于 2017 年正式停止了 Kinect 的产品线。

Kinect 与 Xbox 360 S 一起公布，Xbox 360 S 包含了一个专用的 Kinect 接口。

有了 USB 和原生 Windows 支持，XBox 360 手柄的有线版本在 PC 游戏玩家中十分流行。

HyperScan

上市售价：69 美元	**总销量：**2 万 ~ 3 万台（估计）
处理器：凌扬 SPG290	**内存：**16 MB
颜色：65 536 种	**游戏发售数：**5 款

HyperScan 是一款为儿童设计的廉价游戏机，由美国玩具制造商美泰公司生产，也是这家公司自 Intellivision 家用游戏机后的第一款主机。HyperScan 的游戏是依靠一种嵌入了 RFID 芯片的收集式卡牌来玩的，卡牌可以通过购买补充包获得，9.99 美元一包，内含 6 张卡片。当这些卡牌被扫描进主机中时，用户就可以解锁游戏内容，比如角色和能力。尽管这个创意非常有革新性，但 HyperScan 自身只有过时的 2D 画面，和寥寥几个糟糕又难玩的游戏。这款主机在发售之初就非常失败，没过几个月就停止销售并被清仓了。

HyperScan 的游戏非常激进地将游戏内容锁在了收集式卡牌之下，以鼓励玩家购买补充包；在一个格斗游戏的 20 个角色中，有 18 个是被锁在可选的付费卡包里的。

伟易达 V.Flash

2006

上市售价： 99 美元	**总销量：** 6 万～ 8 万台（估计）
CPU： LSI Logic Zevio 1020 ARM9（150 MHz）	**内存：** 16 MB
GPU： 定制 LSI Logic 图形核心（75 MHz）	**游戏发售数：** 9

在 V.Smile 儿童主机发售后两年，伟易达公司用 V.Flash 扩展了他们的学习型游戏机系列。V.Flash 面向略微年长的 6 ～ 10 岁儿童，为他们提供无暴力内容且具有教育意义的 3D 游戏，而且它的画质与最早的索尼 PlayStation 差不多。每张盘包含一个标准游戏模式、一个教育模式，以及一个艺术创造模式。里面的游戏都是基于 IP 开发的，比如《海绵宝宝》和皮克斯的《汽车总动员》。然而，这款主机并不像此前的 V.Smile 系列那样成功，在仅发售 9 款游戏后就停产了。

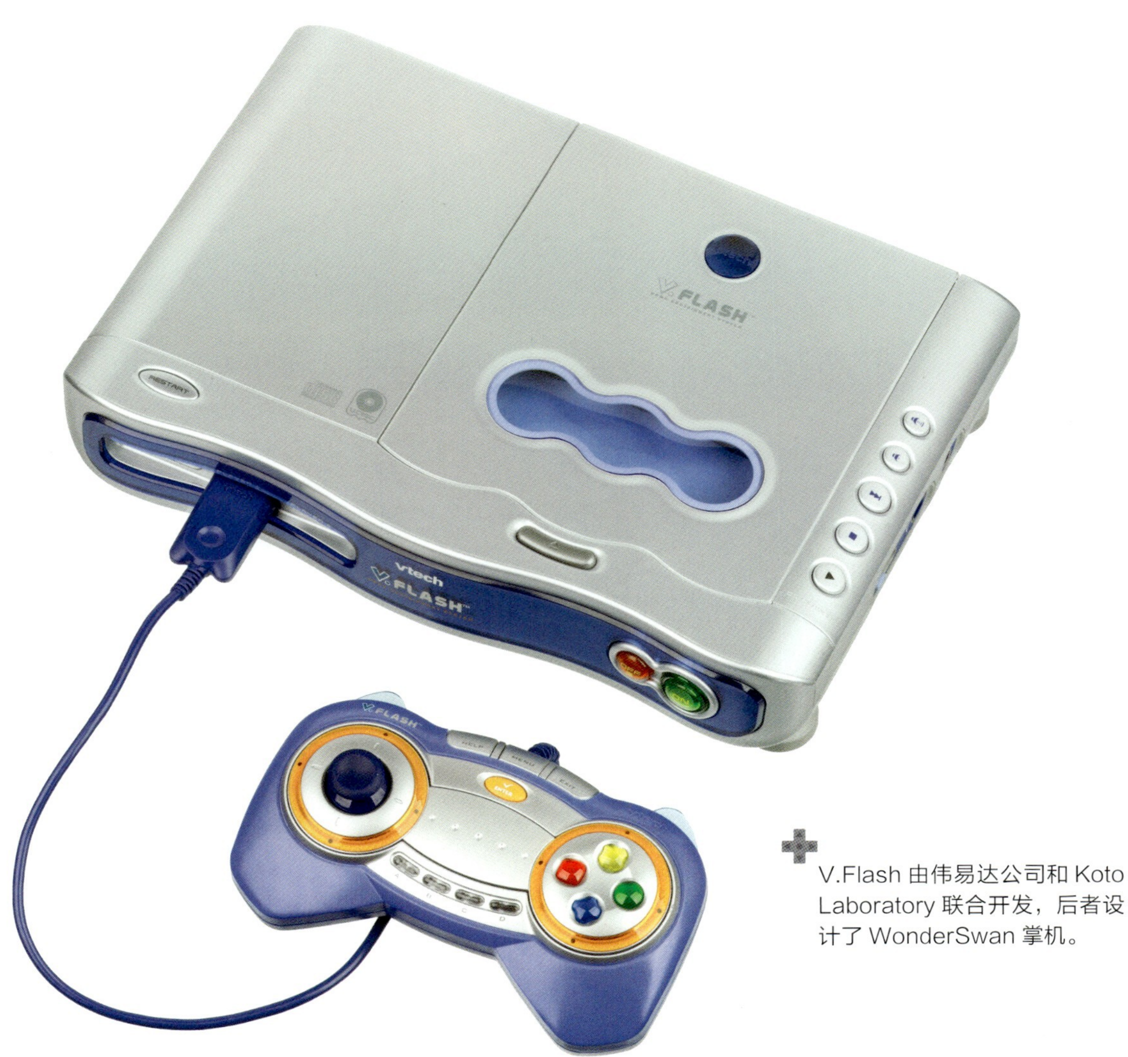

V.Flash 由伟易达公司和 Koto Laboratory 联合开发，后者设计了 WonderSwan 掌机。

PlayStation 3

上市售价： 499 美元（20 GB），599 美元（60 GB）	**总销量：** 超过 8000 万台
CPU： 定制版“Cell”（3.2 GHz）	**内存：** 256 MB　**显存：** 256 MB
GPU： 定制版“Reality Synthesizer”（530 MHz）	**游戏发售数：** 超过 2200 款

索尼 PlayStation 系列的成功，直接让它的新机型 PlayStation 3（简称 PS3）备受期待，但是它高昂的上市售价却让很多消费者感到不满。这款主机最贵的型号，售价高达 599 美元，这是由它那拥有众多功能的设计所致，其中就包括一个非常昂贵的蓝光光驱和 Cell 处理器。生产问题、激烈的竞争，以及低于预期的需求导致 PS3 在第一年的销售并不稳定，但是随着装配成本的下降，与之而来的降价让这款主机重整旗鼓。PS3 与 Xbox 360 算是并驾齐驱，共同争夺游戏机销售的第二名——Wii 位居榜首——最终它以全球超过 8000 万台的销量强势收官。

首发 599 美元版本的 PS3 通过专用硬件提供原生的向下兼容功能。

SONY
SELECT
START
RECYCLE
1.800.822.8837

PlayStation 3 的型号及更新

原版 PS3（后来被人称为“胖版”）体积大，又笨重，而且还贵。后续型号为了降低成本，舍弃了一些内置功能，比如对 PS2 的向下兼容和存储卡读取功能，并对机器进行了重新设计，缩减了尺寸和重量。PS3 最终的重新设计款——超薄版 PS3 用了一个造价更低的顶置式蓝光光驱，进一步降低了成本。

减轻重量、缩小尺寸，以及降低装配成本后，PS3 Slim（瘦版）得以仅以 299 美元的价格发售。

2012 年出的超薄版 PS3 仅提供两种版本，一种配有 250 GB 或 500 GB 硬盘，一种配有 12 GB 的内置闪存。

PS3 的 Cell 处理器非常强大，但它的架构给很多开发者带来了阻碍。

PlayStation Move

PlayStation Move（简称 PS Move）是 PS3 的专属体感控制器，发售于 2010 年。这款控制器的顶部是球形的，整体像一根“魔杖”，通过各种传感器和一个外置摄像头来跟踪其在三维空间的位置，这让它比任天堂的 Wii Remote 更精确。虽然它的响应速度受到了游戏评论员的称赞，但很少有游戏可以把 PS Move 和游戏设计有机地结合在一起，随着时间的推移，游戏开发商对该平台的支持也逐渐减弱。后来，PS Move 在 2016 年迎来了它的“第二春”，当时这支控制器被用来适配 PlayStation 4 的 VR 平台。

PS Move 的旗舰游戏是《竞技冠军》（*Sports Champions*），是对《Wii 运动》的一个不加掩饰的回应。

PS Move 的最佳用途之一就是可以当作一把光枪，可选的配件能让它变成一把手枪或者步枪。

任天堂 Wii

上市售价： 249 美元	**总销量：** 超过 1 亿台
CPU ： 定制版 PowerPC“Broadway”(729 MHz)	**内存：** 88 MB
GPU ： 定制版 ATI“Hollywood”(243 MHz)	**游戏发售数：** 超过 1500 款

在游戏主机的第七世代，任天堂放弃了与微软和索尼主机的直接竞争，转而发售了 Wii ：一台专注于休闲游戏的非高清主机。该主机的重点在于一个独特的、像遥控器一样的、可以检测到移动的控制器 (Wii Remote)，鼓励玩家用肢体动作来玩。它打包自带了一个游戏——《Wii 运动》，这款游戏可以用体感控制器去模仿一些体育运动，比如保龄球和网球。《Wii 运动》在玩家和非玩家间风靡一时，成了一个现象级游戏，极大地扩大了任天堂的用户群体，并让 Wii 成为任天堂有史以来最畅销的家用主机。

Wii 的虚拟主机可以提供电子版的 NES、SNES 以及 N64 时代的游戏。

Wii 的硬件只比 GameCube 的好一点，且只能输出 480p 的分辨率。

Wii Remote

Wii Remote 的设计非常反传统，这让它和其他主机的手柄区别很大。同时，由于它跟电视遥控器长得很像，所以很容易吸引游戏爱好者之外的普通人去尝试。控制器底部有一个扩展接口，可以连接一个能玩大部分游戏的“双截棍”控制器（下图），或者连接一个玩大部分虚拟主机（Virtual Console）上的游戏时所需要用的传统手柄。

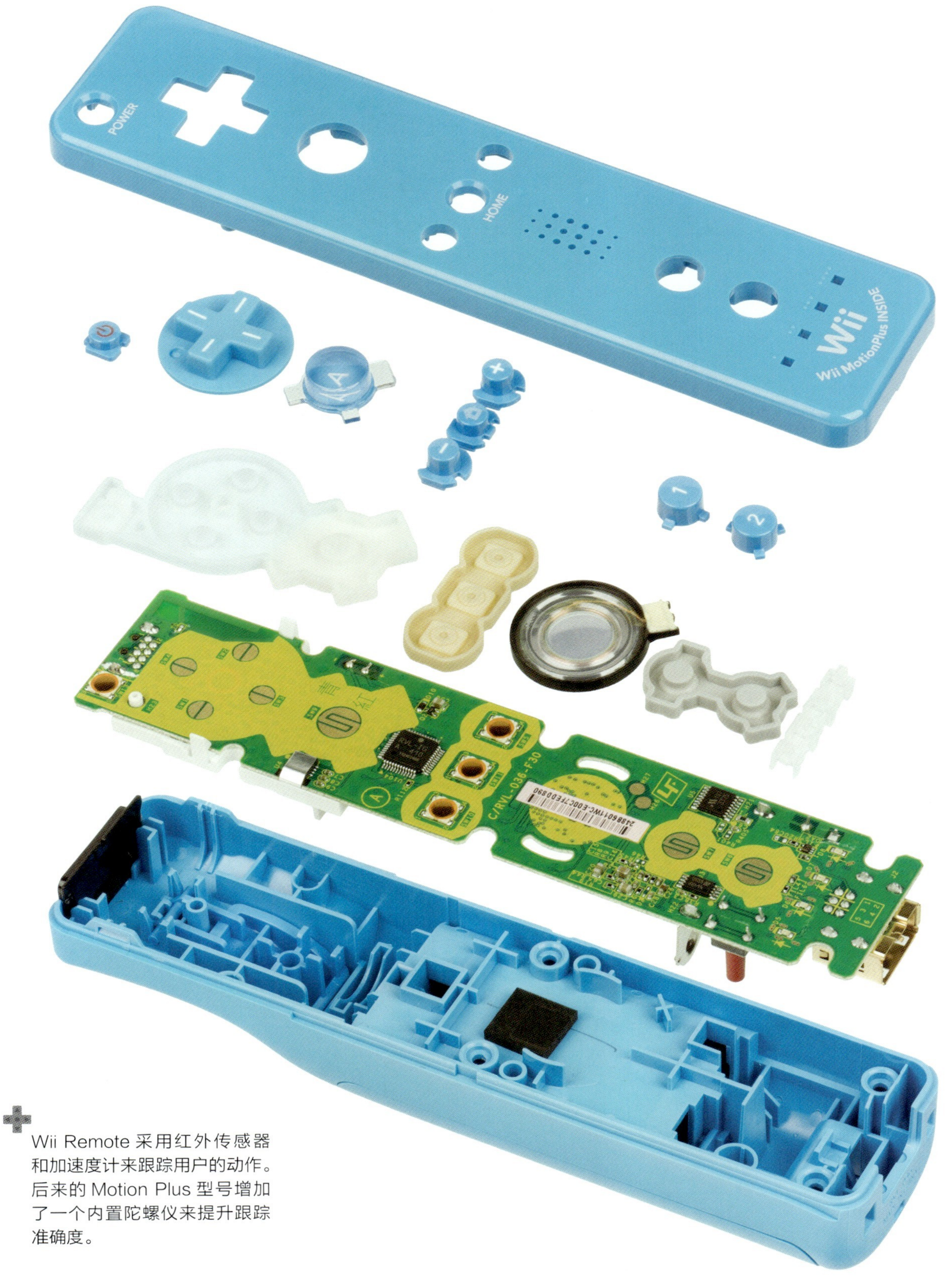

Wii Remote 采用红外传感器和加速度计来跟踪用户的动作。后来的 Motion Plus 型号增加了一个内置陀螺仪来提升跟踪准确度。

Microsoft
XBOX ONE
SKhynix

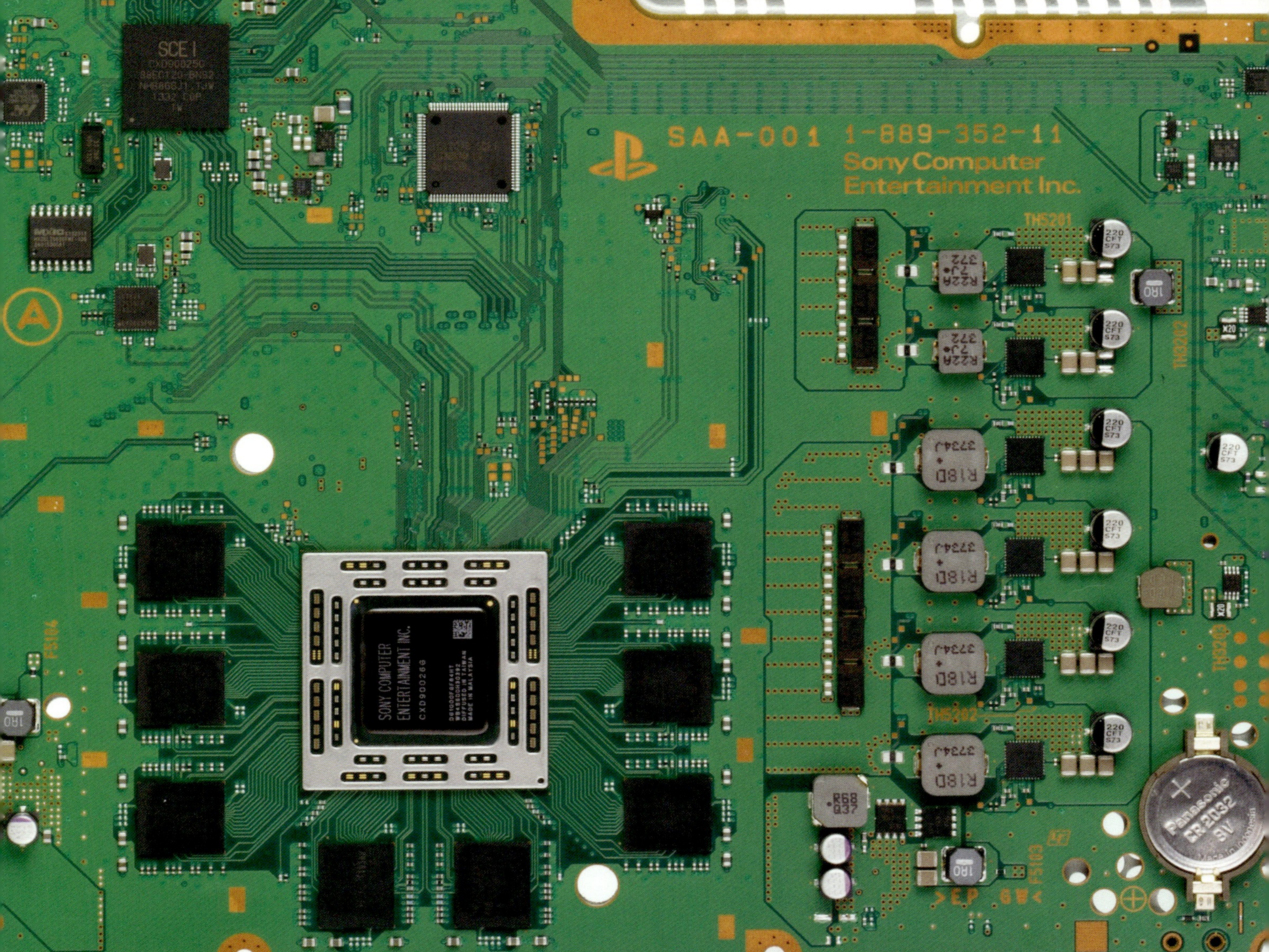

第八世代

在漫长而又繁荣的第七世代结束后，第八世代出现了巨大的转变。游戏市场风云变幻，很多公司在推出新主机的过程中犯下了重大错误。微软因为灾难性的 Xbox One 售前预热准备而遭遇“开门黑”，直接扑灭了它在 Xbox 360 上建立的大好势头。本来因 Wii 的成功而春风得意的任天堂，却因 Wii U 销量不佳而眼看自己的市场份额急剧下滑。任天堂 3DS 的起步同样不顺，但降价促销和许多新型号的面市让这款掌机重新获得成功。尽管索尼新的 Vita 掌机深陷困境，但它还是通过流行的 PlayStation 4 重拾市场领导者的地位。最后，智能手机技术让“微型游戏主机”兴起，一系列小型电视盒子出现了，它们想要把移动游戏带到电视上，但失败了。

PlayStation 4 的主板（上图），Xbos One 的主板（左页图）

苹果 iOS

iPhone 首发售价：499 美元（4 GB），599 美元（8 GB）

处理器：定制版 Apple ARM SoC

App Store 上线时间：2008 年 7 月 10 日

iPhone 活跃用户：超过 10 亿人

iOS 可用应用程序：超过 340 万款（估计）

iOS 可用游戏软件：超过 90 万款（估计）

2007 年，苹果发布了第一代 iPhone。这是一款革命性的触屏智能手机，采用了新的 iPhone OS（后来的 iOS）移动操作系统。次年，苹果推出了 App Store，把 iPhone 开放给第三方游戏和应用。这个新平台受到了极大的关注，开创了休闲触屏移动游戏的时代。随着智能手机的普及，手机游戏在短时间内如雨后春笋般倍增，装机量也达到了令游戏主机相形见绌的程度。手游市场如今也在继续扩大，它的总收入已经凌驾 PC 和主机游戏。

苹果在 iOS 13 系统中增强了对游戏功能的支持，提供了对各种蓝牙手柄的原生支持。

Apple Arcade

随着手机游戏的发展与进化，市场从买断制游戏转向由免费游戏为主导，后者通过内购和广告盈利。2019 年底，苹果推出了一项名为 Apple Arcade 的游戏订阅服务，移除了手游的这些被诟病的特点。订阅者只需每月支付既定的费用，就可以玩到众多完整游戏。这些游戏没有任何内购和弹出广告，并支持所有苹果设备，包括 iPhone、Apple TV 和 Mac 电脑。这个平台最初包含 50 多款游戏，里面很多游戏是苹果资助开发并且独占的，其余则是主机和 PC 游戏的移植版。

谷歌 Android

2008

第一台 Android 设备： T-Mobile G1	**活跃 Android 用户：** 超过 25 亿人
Android 旗舰机型： Google Pixel 手机	**Google Play 可用应用程序：** 300 万款
Android 应用商店上线日期： 2008 年 10 月 22 日	**Google Play 可用游戏软件：** 超过 35 万款

Android 是谷歌开发的操作系统，主要用在像平板电脑和智能手机这样的移动设备上。作为一个开放标准，Android 操作系统既可以原生形态运行，又可以深度定制成一个封闭系统。这种适配性吸引来了很多生产厂商，并让 Android 成为世界上最流行的手机操作系统，也使它能用在诸如智能电视、多媒体盒子和微型主机这样的设备上。Android 平台的应用商店是 Google Play，能提供众多游戏（大多数是触屏游戏）和复古游戏主机的模拟器，这使得任何运行了 Android 系统的设备都具备了巨大的游戏潜力。

T-Mobile G1 是第一台由 Android 系统驱动的设备。这部智能手机售价 179 美元，包含一个为期两年的手机合约套餐。

Nexus Player 是 Nexus 品牌的最后一款设备。谷歌从 2016 年开始在 Pixel 的品牌名下，发布旗舰级的 Android 产品。

Nexus Player

谷歌的 Nexus 系列是用以推出 Android 操作系统主要更新的旗舰产品线。2014 年末，谷歌发布了 Nexus Player，这是一款电视媒体盒子，也是第一款搭载了最新 Android TV 平台的产品。Nexus Player 提供了各种流媒体应用程序的媒体播放，比如 Netflix、YouTube、Pluto TV 以及 Hulu。该播放器同样可以玩 Google Play 商店里的游戏，但由于许多游戏缺少手柄支持，所以选择非常有限。由于许多游戏只为触屏游玩而设计，所以针对手游的手柄支持问题直到今天也依然存在。

Zeebo

发售价格：499 巴西雷亚尔	**总销量：**3 万台
CPU：高通 ARM11/QDSP-5（528 MHz）	**内存：**128 MB
GPU：高通 Adreno 130	**游戏发售数：**超过 55 款

Zeebo 是一款由巴西玩具和电子产品制造商 Tectoy 生产的游戏主机，主要面向南美和墨西哥市场。Zeebo 基于高通公司开发的移动处理器芯片，与智能手机非常相像，并配有 3G 蜂窝数据天线。无线蜂窝连接可以用于连接它的数字商店，这也是为其购买和下载游戏的唯一途径。Zeebo 一经发布，就在南美游戏市场举步维艰，其低靡的销量让 Tectoy 蒙受了巨大的经济损失。两年后，Zeebo 停产。

Tectoy 在巴西以生产及分销世嘉的 Master System 和 Genesis 游戏主机而广为人知。

OnLive

2010

发售价格：14.95 美元 / 月（后免费）	**同时在线人数（峰值）：**1600 人
服务器 CPU：未知	**服务器内存：**未知
服务器 GPU：未知	**游戏发售数：**超过 200 款

OnLive 是在 2010 年～ 2015 年间运营的一项云游戏服务，允许用户在多种设备上玩 PC 游戏。游戏是在数据中心的计算机上存储和运行的，游玩则是通过互联网向用户推送视频流实现的。玩家既可以通过自己的计算机、手机或者平板电脑上的应用程序访问 OnLive，也可以使用官方的微型主机流媒体盒子投在电视上。虽然这种云游戏的体验会有延迟，并且完全依赖高速网络连接，但 OnLive 可以让玩家在几秒内就进入游戏，而且还可以在性能不强的移动设备上玩到 PS3 和 Xbox 360 级别的游戏。

OnLive 的 Brag Clip 功能可以捕捉时间较短的游戏录屏以供分享，后来，PS4、Xbox One 和任天堂 Switch 都采用了这一功能。

任天堂 3DS

发售价格：249 美元

总销量：超过 7500 万台

CPU：Dual ARM11s（268 MHz）

内存：128 MB

分辨率：400 像素 ×240 像素（上屏）
320 像素 ×240 像素（下屏）

游戏发售数：超过 1200 款

3DS 是任天堂 DS 掌机系列的继任者，是一款无须使用 3D 眼镜就能实现裸眼立体 3D 效果的新掌机。尽管 DS 之前取得了成功，3DS 却在发售之初表现平平，卖得很慢。这是因为该掌机的价格很高，而且人们对它的 3D 功能不感兴趣。为了应对这样的状况，任天堂仅在数月后就将该产品降价 80 美元，并同时发布了《超级马力欧》和《精灵宝可梦》系列的旗舰作品，这重新激发了人们的兴趣，也增加了销量。虽然，3DS 并没有取得 DS 那般优异的销售成绩，但它证明了在当下的移动时代，传统的掌机游戏体验依然可行。

任天堂 3DS 可向下兼容原版 DS。

X
Y
A
B
START
SELECT

任天堂 3DS 的衍生机型

任天堂在 3DS 的生命周期里发售了多种机型。就像原版 DS 一样，3DS 系列也有更大屏幕的 XL 版，以及提供了多种硬件升级的“新”3DS 版。最早的两款新机型——原版（前页图）和 XL 版（上方第一张图）都有第二个模拟摇杆、两个额外的肩键、增强的裸眼立体 3D，以及一个更快的处理器。一些要求较高的 3DS 游戏能用上增强的性能，但其实只有不到 10 款游戏是必须使用新机型才能玩的。除此之外，最特别的版本是方形的 2DS（右页图），它的屏幕不再可折叠，取消了 3D 支持，目标用户定位于低龄儿童。

PWB/CPU/AU-C/FTR-01
Nintendo

PlayStation Vita

上市售价：249 美元（Wi-Fi），299 美元（3G/Wi-Fi）

总销量：超过 1500 万台（估计）

CPU：四核 ARM Cortex A9

内存：512 MB　**显存：**128 MB

GPU：四核 PowerVR SGX543MP4+

游戏发售数：超过 1200 款

PlayStation Vita 是索尼推出的一款先进且功能丰富的掌机，是 PSP 的继任机型。然而，Vita 没能重现 PSP 曾经的辉煌，部分原因在于移动设备所带来的激烈竞争，后者抢走了休闲和普通玩家的注意力，这让 Vita 的魅力显得非常有限。自首次亮相后，Vita 销售迟缓，第一方和 3A 游戏的支持也减少了。于是，Vita 变成了一款小众游戏主机，它赖以维系的用户群体更加垂直——他们喜欢日式 RPG、视觉小说、美国独立游戏等类型。由于 Vita 销量低，索尼表示没有推出后续机型的打算。

初代 Vita 使用了以高对比度和高饱和度著称的 OLED 显示屏。

Vita 2000（上图）是 2013 年推出的更轻薄的重新设计版，并用一块标准 LCD 屏取代了之前版本的 OLED 屏。

PS TV（下图）是 2013 年发布的一款电视盒子式的 Vita 衍生机型，可以在电视机上用手柄玩到精选的 Vita、PSP 和 PS1 游戏。

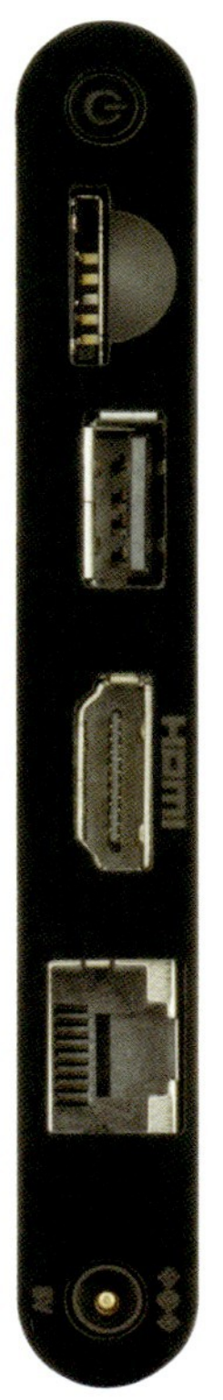

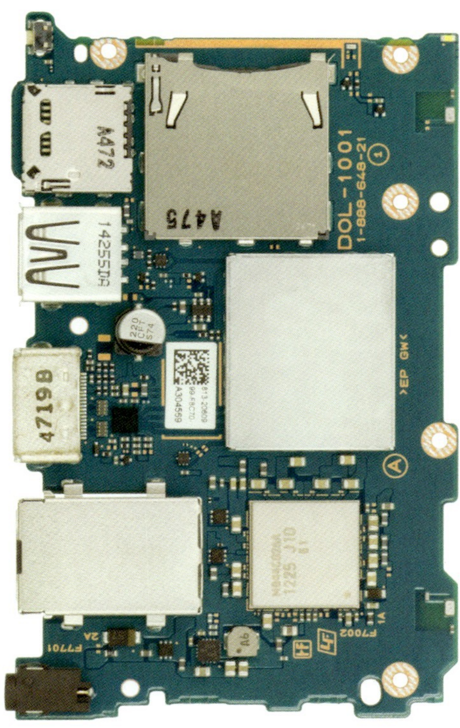

Wii U

2012

上市售价：299 美元（8 GB），349 美元（32 GB）	总销量：超过 1300 万台
CPU：定制版 IBM 三核“Espresso”（1.24 GHz）	内存：2 GB
GPU：定制版 AMD Radeon“Latte”（550 MHz）	游戏发售数：超过 800 款

Wii U 是此前大获成功的 Wii 的继任机型，也是任天堂的第一款高清主机。这款主机的设计重点在于手柄（Wii U GamePad）——它的手柄很大，长得像平板设备，还有内置屏幕。Wii U 既可以接电视玩，也可以不接，它让开创性的双屏玩法成为可能。然而，喜欢玩 Wii 的休闲玩家忽视了 Wii U 的存在，转而去玩手机游戏了。对于普通玩家来说，它售价高昂，在线生态系统很糟糕，而且缺乏第三方游戏厂商的支持还导致玩家经历了数月之久的“游戏荒”，这些都很让人反感。由于 Wii U 没有能力去吸引更广泛的用户群体，且陷入滞销后一点起色都没有，2017 年，任天堂便不再对 Wii U 提供支持，最终这款机型一共只卖出了 1300 万台。

失败的市场营销导致许多消费者以为 Wii U 的手柄是 Wii 的附加产品。

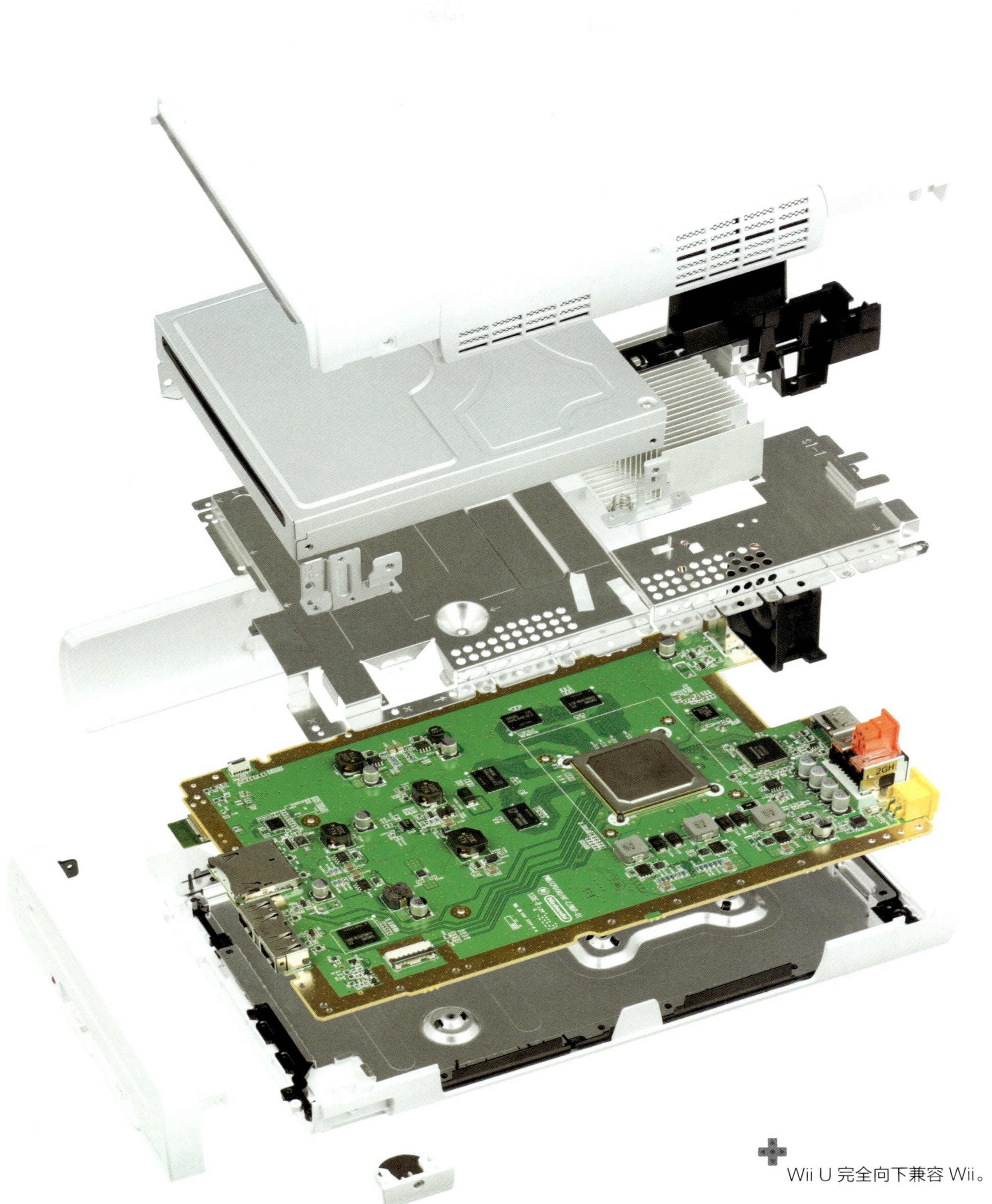

Wii U 完全向下兼容 Wii。

发售第一年，稀有的 Amiibo 在 eBay 上很火，一些人偶能卖到单价 100 美元以上。

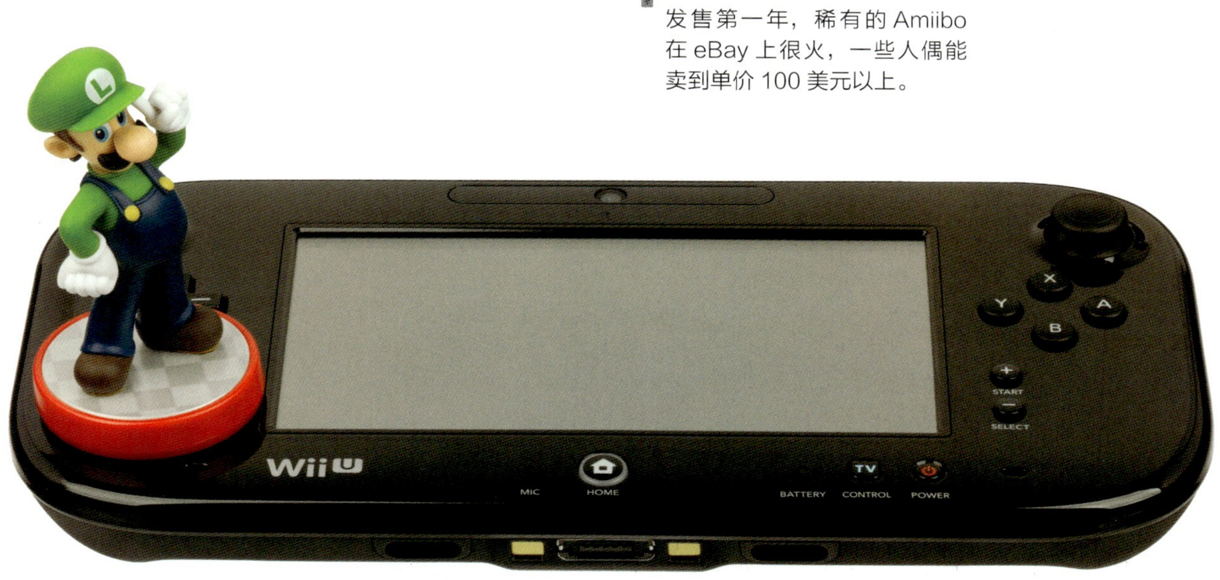

Amiibo

2014 年，任天堂推出了 Amiibo，这是一个单价为 13 ~ 16 美元的人偶系列，形象均来自任天堂或其他 IP 的角色。每一只 Amiibo 的底座都有一个特殊的芯片，当它被放在 Wii U GamePad 上时，芯片就可以被手柄内置的无线传感器扫描到。当它被扫描进兼容的游戏中时，这些人偶可以解锁游戏内的奖励内容，比如道具和服装。Amiibo 系列在 3DS 和任天堂 Switch 主机上也同样能够使用。

Wii U GamePad 的内置屏幕是 Wii U 的一个主要卖点。然而，许多开发者在玩法中很难把这块“第二屏”利用起来。

Ouya

2013

上市售价： 99 美元	**总销量：** 20 万台
CPU： 四核 ARM CortexA9（1.7 GHz）	**内存：** 1 GB DDR3
GPU： Nvidia GeForce（520 MHz）	**游戏发售数：** 超过 100 款

Ouya 是从众筹网站 Kickstarter 上的一个 850 万美元的众筹项目中孵化出来的，是一款基于 Android 系统的微型游戏主机。它由平板电脑和手机的部件组成，主要能玩移动端移植的游戏，和一些需要从在线商店下载的独占游戏。Ouya 主机在发售时因为存在硬件和软件问题，到处都是关于它的差评和负面新闻。它在零售渠道的销量也很差。购买了该主机的玩家中，大部分人把它当作模拟器和媒体播放器来使用，只有很少一部分人会真的为它买游戏来玩。在它失败后，Ouya 的资产被卖给了雷蛇公司，这款主机则在 2015 年停产。

每台 Ouya 主机都具有开发机的功能，这意味着拥有者可以用它来创作自己的游戏。

GameStick

2013

上市售价： 79 美元	**总销量：** 2 万 ~ 3 万台（估计）
CPU： ARM Cortex A9（1.5 GHz）	**内存：** 1 GB DDR3
GPU： ARM Mali-400	**游戏发售数：** 超过 60 款

GameStick 是一款由 Android 系统驱动的微型游戏主机，跟 Ouya 一样，都是从 Kickstarter 众筹项目里孵化出来的。PlayJam 公司在 2013 年初成功筹到 65 万美元，并在同年晚些时候发售了这款主机。GameStick 刚推出时得到的评价很一般，评测中提到它 BUG 很多，以及它受限又封闭的在线商店里几乎只有手机游戏的移植版。它的硬件性能也不如其他基于 Android 系统的同类主机，无法保证它跟未来游戏的兼容性。经历了惨淡的销量后，GameStick 的零售库存在 2014 年被清算，在线游戏商店在 2017 年初被永久关闭。

GameStick 小小的 HDMI 电视棒其实是这台主机真正的“大脑”。

PlayStation 4

上市售价： 399 美元（500 GB）	**总销量：** 超过 1.05 亿台
CPU： 定制版八核 AMD “Jaguar”（1.6 GHz）	**内存：** 8 GB GDDR5
GPU： 定制版 AMD Radeon GCN（800 MHz）	**游戏发售数：** 超过 3000 款

PlayStation 4（简称 PS4）是自 2006 年的 PS3 之后，被众多玩家期盼已久的继任机型。PS3 曾因其复杂的架构和高昂的价格而起步艰难。索尼从它的失败中吸取教训，把简洁明了的设计和强大的图形处理器以及高速内存结合在一起，将 PS4 打造得更经济实惠，对开发者也更友好。和 PS4 同期推出的还有 Xbox One ，但与微软的主机相比，PS4 不仅便宜 100 美元，而且在大部分游戏上具有更优的性能表现，所以它火速成了索尼的大热产品，玩家和开发者都纷纷涌向这款主机。PS4 的销量表现远胜于 Xbox One 和 Wii U，成为本世代最畅销的主机。

不同于 PS2 和 PS3，PS4 无法向下兼容。

PS4 和 Xbox One 都使用了蓝光光驱，但游戏都是安装并运行于硬盘上的。

PlayStation 4 Pro

2016 年，索尼推出了一款“发烧级”PS4 机型，售价为 399 美元，其游戏性能进一步增强。该款机型被称作 PS4 Pro，拥有带“超频模式”的 CPU、更快的内存，以及性能比标准款 PS4 高一倍的图形处理器。从结果来看，它所支持的游戏确实会画面更好看，帧率表现更流畅，分辨率也更高。

PS4 的 DualShock 4 手柄增加了一个灯条、一个触摸板和一个内置扬声器。

Xbox One

上市售价：499 美元（500 GB，包含 Kinect）	**总销量：**4600 万台（估计）
CPU：定制版八核 AMD“Jaguar”（1.75 GHz）	**内存：**8 GB DDR3, 32 MB ESRAM
GPU：定制版 AMD GCN（853 MHz）	**游戏发售数：**超过 2600 款

Xbox One 是微软在大获成功的 Xbox 360 主机之后推出的后续机型。推出 Xbox One 时，微软给它的定位是多合一综合娱乐主机——专注于游戏，也同样专注于电视直播、流媒体和社交网络。这个新方向，加上令人费解的“反消费者”策略（比如“禁止玩二手游戏”政策，后来该策略在主机上市前被取消），不仅疏远了玩家，也严重损害了 Xbox 品牌的受欢迎程度。虽然 Xbox One 通过积极降价和对游戏的再次重视，最终收复了美国游戏市场的“失地”，但这款主机在海外市场的整体表现从未恢复。在销量上，它被 PS4 远远地甩在了身后。

和 PS4 类似，Xbox One 使用了 AMD x86 处理器和 GPU，另外它还拥有 32 MB 的增强型内存 ESRAM。

Xbox One 使用了一个巨大的冷却风扇，来避免早期曾困扰 Xbox 360 主机的过热问题。

Xbox One S

2016 年，微软用新款“S”型号主机替代了标准 Xbox One 机型。跟前任 Xbox One 相比，S 机型的体型缩小了 40%，做了一些更新和改进，比如改为内部电源，并增加了一个用于控制其他电子设备的内置红外线发射器。此外，Xbox One S 还支持 4K 和 HDR 视频，不论这些视频来源于在线流媒体，还是其自身新增和升级的 4K UHD 蓝光光驱。

微软投资了超过 1 亿美元用于 Xbox One 的手柄设计。

美加狮 MOJO

2013

上市售价：249 美元	**总销量：**3 万 ~ 5 万台（估计）
CPU：四核 ARM Cortex-A15（1.8 GHz）	**内存：**2 GB
GPU：英伟达 GeForce（672 MHz）	**游戏库：**Google Play, Ouya, OnLive

MOJO 是一款来自电子制造商美加狮（Mad Catz）的 Android 微型主机。这家公司最著名的就是它的第三方游戏手柄。发布之初，MOJO 的定位是高端微型主机，采用强大的 Tegra 4 处理器，售价为 249 美元，是它竞品的两倍之多。虽然 MOJO 没有专门的游戏库，但它可以通过 Google Play 商店获取一部分的 Android 游戏，其中也包含许多经典游戏主机的模拟器。2014 年，美加狮进一步扩大了 MOJO 的游戏库，包括完全适配 Ouya 平台和 OnLive 云游戏平台。

MOJO 手柄的“鼠标模式”切换功能让它得以实现在电视上玩移动触屏游戏，尽管许多触屏游戏并不能在 MOJO 上下载。

亚马逊 Fire TV

2014

上市售价： 99 美元（手柄单卖）	**总销量：** 超过 3500 万台（所有 Fire 系列产品）
CPU： 四核 Snapdragon 600（1.7 GHz）	**内存：** 2 GB
GPU： 高通 Adreno 320（672 MHz ）	**游戏发售数：** 超过 1000 款 (Fire TV 独占)

Fire TV 是由线上零售商亚马逊（Amazon）推出的一系列 Android 系统驱动的电视盒子，可以播放流媒体、玩游戏和运行应用程序。发布之初，亚马逊是以游戏平台的口径来推广 Fire TV 系列的。这个系列可以玩各种移动端移植游戏，以及亚马逊开发的可以用手柄控制的独占游戏。然而，由于亚马逊将重心转移到了更流行的 Fire 平板电脑系列的游戏上，它对手柄操控的游戏的资源支持很快就枯竭了。因为无法玩这些触屏游戏，Fire TV 系列主要变成了流媒体设备。到 2017 年，Fire TV 的线上产品页面已不再提及游戏了。

Fire TV 系列很大程度上被亚马逊的 Fire Stick 平台所取代，后者是一款专注于流媒体的、性能更弱、价格更便宜的产品。

英伟达 Shield TV

上市售价： 199 美元（16 GB），299 美元（500 GB）	**总销量：** 超过 50 万台（全型号；估计）
CPU： 八核 ARM CortexA57 + CortexA53	**内存：** 3 GB
GPU： 256 Nvidia Maxwell-based CUDA cores	**游戏库：** Google Play, GeForce NOW

Shield TV 是一款来自著名图形处理器制造商英伟达（Nvidia）的、基于 Android 系统的高端微型主机。2013 年，英伟达以 Shield Portable（一款拥有内置手机硬件和翻转屏的无线手柄）启动了 Shield 系列，随后在 2014 年又推出了 Shield Tablet 平板，而 Shield TV 正是该系列产品之一。2015 年，英伟达发售了 Shield TV，这是一款性能强劲的 Android 电视盒子，也是微型主机，比当时的其他电视盒子要更注重游戏。得益于英伟达自己的 X1 芯片，Shield TV 可以输出 4K 视频，从计算机上流式传输游戏，以及玩独占移植的主机游戏。

英伟达 Shield TV 的 Tegra X1 芯片后来被用在任天堂 Switch 主机上。

Steam Link

上市售价： 49 美元（手柄单卖）	**总销量：** 超过 200 万台（估计）
CPU： Marvell DE3005	**内存：** 512 MB
GPU： Vivante GC1000	**游戏发售数：** 超过 3 万款（全 Steam 游戏）

Steam Link 是维尔福（Valve）公司推出的串流设备，允许用户从他们计算机里的 Steam 游戏库流式传输游戏到电视上。Steam 是一个电脑游戏数字分发平台，它于 2003 年由游戏开发商维尔福创造，是世界上最大的 PC 游戏商城。Steam Link 是维尔福的一个尝试，他们想让 PC 游戏玩家也能拥有在沙发上玩主机游戏那样的舒适体验。Steam Link 适配各种有线 / 无线主机手柄，当然也包括维尔福自己的 Steam 手柄——这款独特且高度可定制化的手柄，采用双触控板和陀螺仪瞄准，以求在沙发上玩游戏时还原键鼠操控的体验。

作为《半衰期》系列的开发商，维尔福最初创造 Steam 是为了发行自己的 PC 游戏，但随着这项服务的稳步成长，它逐渐成了首屈一指的数字游戏商城。

ENET
USB3 REAR P0
USB3 REAR P1
HDMI
DEBUG-HDT
CFX
V_FUSE
FAN
R15 Q20B

第九世代

游戏主机进入第九世代后，一种新型病毒肆虐全球，向人类发起了挑战，许多人也因此被困在了家里。于是，无聊又不安的人们不断寻找逃避现实和打发时间的方法，电子游戏也就爆炸般地盛行起来。虽然任天堂 Switch 在病毒席卷之前就已成功建立了自己的地位，但索尼和微软在人们居家期间推出了新主机，这些主机也立刻变成了玩家的必需品。受到工厂停产的影响，第九世代主机的硬件产量有限，不仅无法满足市场需求，也成为“黄牛”的目标。由于无法以正常零售价买到新主机，许多玩家只能一边凑活用上世代主机，一边等待世界恢复正常秩序。

任天堂 Switch 的主板（上图），Xbox Series S 的主板（左页图）

任天堂 Switch

上市售价： 299 美元（32 GB）	**总销量：** 超过 8000 万台
CPU： 八核 ARM Cortex–A57 + Cortex–A53	**内存：** 4 GB LPDDR4
GPU： 256 个基于英伟达 Maxwell 的 CUDA 核心	**游戏发售数：** 超过 5000 款

任天堂 Switch（Nintendo Switch，简称 NS）是兼具掌机和主机形态的混合型游戏机，是 Wii U 和 3DS 的继任机型。说到底，Switch 是一台拥有可拆卸式手柄的平板设备，是既可以作为掌机提供主机级性能，又可以像传统电视主机一样使用的“双模式主机”。这种独特又灵活的设计吸引了消费者的关注，再加上有效的广告宣传，让它在发售前就获得了极高的热度。Switch 上市后很快就销售一空，还出现了数月供不应求的情况。它成为任天堂历史上卖得最快的主机之一，在不到一年的时间里，就超越了 Wii U 在其整个生命周期内的全部销量。

在连接电视的主机模式下，Switch 可以以高性能模式运行，提供比掌机模式更高的分辨率和帧率。

Joy-Con 是一副小巧又可拆卸的手柄，配有内置电池。

Pro 手柄是 Switch 的可选购产品，可为玩家提供传统的手柄体验。

Switch Lite

2019 年，Switch 系列新增了一款机型，即 Switch Lite，并对原版 Switch 进行了续航方面的升级。新 Lite 机型仅为掌机游玩设计，是一台更小巧、功能更少的 Switch 衍生机型。Lite 版（下图中的黄色机器，另一台是原版 Switch）没有可拆卸式手柄、不支持振动，也不再支持接电视游玩，但它比原版便宜 100 美元，也更便携。Lite 发售时恰逢原版 Switch 升级，虽然升级后的 Switch 与之前的版本看起来一模一样，但它采用了更高效的处理器以延长电池续航。现在，升级机型在满电状态下的续航时间是 5 ~ 9 小时。

Labo 系列包含一个虚拟现实套件，可以把 Switch 变成一个 VR 游戏设备。

任天堂 Labo

任天堂 Labo 是围绕 Switch 和它的 Joy-Con 手柄开发的手工纸模套件系列。每一套都内含多张大而平整的纸板，上面有裁剪图案，可以打孔和折叠。玩家可以用这些纸板搭建出各种物品，比如钢琴、鱼竿、方向盘，甚至是机器人穿戴装备。这些纸模与插入其中的 Joy-Con 协同工作，还大量使用了手柄的红外摄像头、加速计和陀螺仪功能。每一套 Labo 套装都配有一个游戏卡带，而且每个纸板玩具都有自己独特的体验或者游戏。

谷歌 Stadia

上市售价： 129 美元（开发者版本）	**总销量：** 180 万台（估计）
CPU： 定制版 x86（2.7 GHz）	**内存：** 16 GB
GPU： 定制版 AMD 图形处理器	**游戏发售数：** 超过 150 款

Stadia 是谷歌公司于 2019 年末开发的一个云游戏平台，允许玩家通过多种设备玩游戏。就像 OnLive 那样，用户必须下载手机应用程序或者使用网络浏览器来访问 Stadia，它会从正在运行游戏的数据中心计算机来接收游戏的视频流。如果要在电视上玩游戏，则需要一个 Chromecast Ultra 串流终端，它是和官方手柄一起包含在先行版捆绑包里的。尽管谷歌确实提供了月度“专业版”订阅服务，包含了一个小型的游戏库和针对大部分游戏的折扣，但玩家还是必须从一个专门的商店购买游戏。

2021 年 2 月，谷歌关闭了其专门为开发 Stadia 独占内容而建的游戏工作室，Stadia 的未来堪忧。

Oculus Quest

2019

上市售价：399 美元 (64 GB), 499 美元 (128 GB)	**总销量：**超过 300 万台（Quest 1 和 Quest 2，估计）
CPU：Snapdragon 835 (Quest 1), XR2 (Quest 2)	**内存：**4 GB (Quest 1), 6 GB (Quest 2)
GPU：Adreno 540 (Quest 1), 650 (Quest 2)	**游戏发售数：**超过 200 款

Oculus 是来自社交网络公司 Facebook 的一个虚拟现实平台，拥有多款 VR 头盔。Oculus 的第一款商业头盔，即 Rift（见第 308 页）需要用到一台性能强大的 PC，并和外部传感器配合使用。在 2019 年，Oculus 推出了 Quest 1，这是一款一体式独立头戴设备，拥有内置处理器、电池、内向外追踪技术以及专门的游戏商店。Quest 1 上的多个摄像头会扫描玩家周围的区域，追踪玩家的双手（通过手柄）和头盔在 3D 空间内的位置。Quest 1 在 2020 年被升级后的 Quest 2 取代，后者不仅功能更多、表现更好，而且还便宜 100 美元。

用 USB-C 数据线连接 PC，用户就可以在他们的 Quest 上玩到 PC VR 游戏了。

Xbox Series X|S

上市售价：499 美元（X, 1 TB），299 美元（S, 512 GB）

总销量：600 万台（估计）

CPU：定制版八核 AMD Zen 2（3.8 GHz）(X)

内存：16 GB GDDR6（X），10 GB GDDR6（S）

GPU：定制版八核 AMD RDNA 2（1.825 GHz）(X)

游戏发售数：超过 2600 款（兼容 Xbox One）

到了第九世代，微软没有选择重新研发，而是在第八世代主机 Xbox One 的基础上开发。其崭新的 Series X|S 平台由 Xbox One 架构进化而来，并配备了更强大的处理器和超快的 SSD 存储。Series X|S 主机采用了全新定制的 AMD 单片系统（SoC），支持硬件加速的光线追踪。Series X（下图）是一台为性能而生且在这方面没有任何妥协的机器。它强大的处理器在性能评级上达到 12 TFlops（而 Series S 的评级是 4 TFlops）。同时，由于使用了导热板散热片和围绕单个大风扇的机箱设计，Series X 运行起来也很安静。

Series X|S 是向下兼容 Xbox One 的，许多上世代游戏在 Series X|S 上也拥有了增强的游戏表现和更短的加载时间。

如果 Series S 的 364 GB 可用存储不够，用户可以用售价 219 美元的希捷 1TB SSD 卡来扩展 Xbox 的存储空间。

Xbox Series S

Xbox Series S 是与 Series X 同时发售的经济型纯数字版机型。微软通过削减硬件把 Series S 的价格压到了 299 美元，它没有光驱，GPU 性能被缩减，内存和 SSD 存储也更小。尽管如此，它们的 CPU 几乎是相同的，这就让 Series S 的游戏体验可以接近 Series X 的水平，即便分辨率降低了。虽然对消费者来说，没有光驱是个缺点，但对游戏机制造商来说，Series S 这样的纯数字版主机却是梦寐以求的，因为销售数字版游戏所增加的收入（相较于实体版）可以抵消硬件上产生的那些亏损。

PlayStation 5

上市售价：499 美元（光驱版），399 美元（数字版）

总销量：800 万台（估计）

CPU：定制版八核 AMD Zen 2（最高频率 3.5 GHz）

内存：16 GB GDDR6

GPU：定制版 AMD RDNA 2（最高频率 2.23 GHz）

游戏发售数：超过 3000 款（兼容 PS4）

PlayStation 5（简称 PS5）是索尼的第九世代游戏主机。它能提供 4K 游戏体验，还包括 825 GB 的高速 SSD 存储。PS5 是有史以来市面上体型最大的主机之一，而大体积的设计是为了配合其强大的冷却系统。跟噪声很大的 PS4 相比，PS5 的大体积设计可以让它更安静。为这款主机提供动力——同时也让它发热——的是一个定制的、性能评级为 10 TFlops 的 AMD SoC 芯片，它还可以支持硬件加速的光线追踪。PS5 的 SoC 芯片采用了与 PS4 相同的 x86 架构，这使得它与 PS4 几乎完全兼容，并提升了玩大多数第八世代游戏时的性能表现。

在售的 PS5 要么是 UHD 蓝光光驱版，要么是更便宜的全数字无光驱版。

DualSense 手柄

PS5 的 DualSense 手柄是在 DualShock 4 手柄基础上的一次重大升级，增加了新的功能并做了改进。它保留了 DualShock 4 的触摸板和扬声器，但去掉了背部的灯条，换成在触摸板周围的 LED 灯环。至于新功能，DualSense 增加了一个内置麦克风、USB-C 充电以及升级的扳机键。这个扳机键有内置的小型电机，可以提供自适应的阻力。PS5 手柄的振动电机也得到了升级，可以提供精确的触觉反馈。最后，每台 PS5 都预安装了《宇宙机器人无线控制器使用指南》，这是一个围绕 DualSense 手柄新功能开发的小型冒险游戏，用来展示这只手柄的潜力。

SUPER MARIO ODYSSEY
Bally
PROFESSIONAL
Videocade
3002 FOOTBALL
SPORTS SERIES
Over 150 Brainteasers
XBOX ONE
Fallout 4 G.O.T.Y.
GAME OF THE YEAR EDITION
SUPER NINTENDO
SELECT
START
NINTENDO 3DS
FAIRCHILD
SENESIS
Aladdin
SEGA
ENTERTAINMENT SYSTEM
The legend of
ZELDA
Experience the challenge of endless adventure.
ICE HOCKEY
NINTENDO
SONY
PlayStation
SELECT
START
MATURE 17+
BIOWARE
ONLY ON XBOX ONE • UNIQUEMENT SUR XBOX ONE
HALO
THE MASTER CHIEF COLLECTION
FOR THE FIRST TIME EVER
THE MASTER CHIEF'S ENTIRE
SAGA ON ONE CONSOLE
Resident
DONKEY KONG COUNTRY
SUPER NINTENDO

在今时今日玩复古游戏

随着技术的进步和时间的推移，老款计算机和游戏主机面临着被时代抛弃的风险。数十年的使用和老化对一些复古主机造成了严重的损害，由此导致的部件故障会让它们无法使用。还有其他问题也会让老化的主机难以使用，比如数字平板电视的流行，它们往往不能很好地处理老式硬件的低分辨率模拟信号。幸运的是，小企业、热心人士以及玩家社区正在筹划解决方案，来让这些老旧主机保持生命力。不论你是喜欢在原版硬件上玩游戏的复古爱好者，还是想用模拟器玩经典游戏的好奇新玩家，现在都比以前有更多方法去体验游戏的前世今生。

硬件故障

随着游戏机和计算机的逐渐老化，它们的长期护理和保存变得非常重要。虽然诸如微型处理器和ROM芯片这样的部件有数十年的寿命，但其他组件有更高的故障风险。橡胶、内置电池、电容器、LCD屏幕和电机只是老款游戏机内部会逐渐出现故障的其中一部分零件。虽然坏掉的零件可以替换，但现在越来越难找到这些独特的部件来维修这些老旧无名的主机。维持这些机器生命力的使命落在了复古发烧友和业余爱好者身上，他们中的一些人开始创业，提供维修或模拟这些“生病”的主机所需要的服务或者生产必要的零件。

用于PSP的锂电池（左图）已经鼓包，无法装进机器或不再供电。而且，鼓包的锂电池也非常危险，因为它们可能起火甚至爆炸。

一个坏掉的世嘉Genesis PAC（右页图），这是先锋LaserActive中所使用的。LaserActive PAC采用了表面贴装型电容器，这种电容器非常容易失灵和漏酸，由此所造成的损伤（图中棕色斑点处）可能会使电路板在没有大范围维修的情况下无法使用。

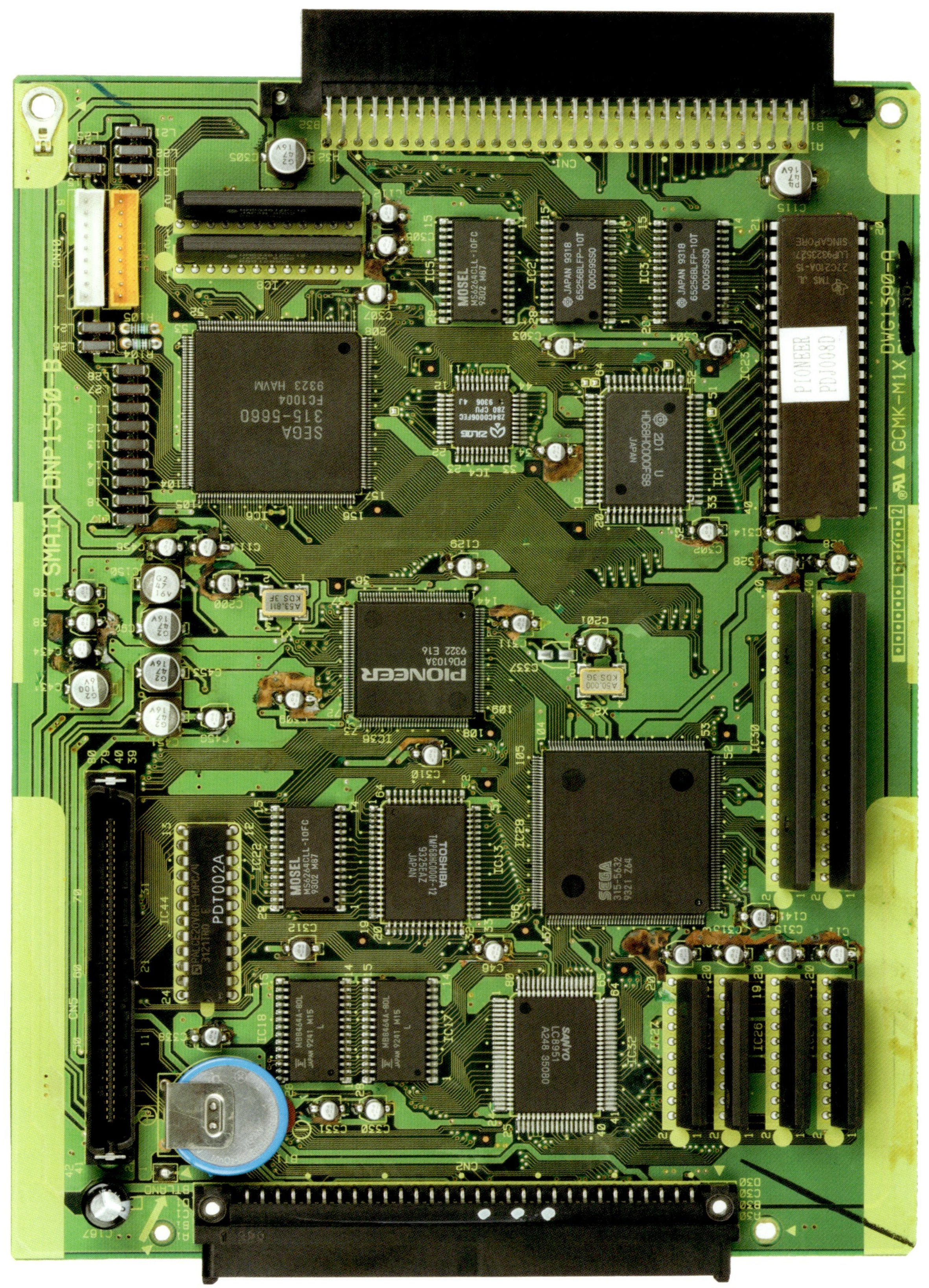

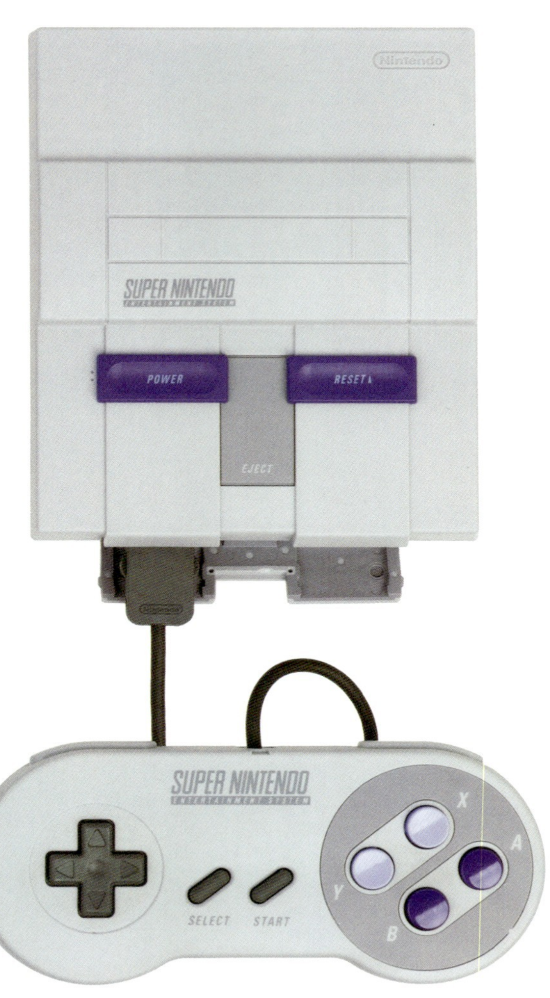

迷你和经典游戏机

迷你和经典游戏机是由官方发售的旧主机的小型复制品，可以通过 HDMI 在现在的电视上玩。这些游戏机没有重新生产原版主机的硬件，而是使用了廉价的 ARM 处理器通过软件来模拟主机。游戏机由 USB 供电，游戏是内置其中的，并且不能增加其他游戏（官方途径），也不能通过原版卡带或光盘来玩游戏。迷你游戏机在 2016 年开始变得流行，这源于任天堂 NES Classic 的大获成功。它是一款售价为 59 美元的迷你 NES，内置 30 款游戏。随后，各种各样的迷你和经典游戏机相继问世，包括 Genesis、雅达利 2600、PlayStation、TurboGrafx-16、NEOGEO AES、康懋达 64 和 SNES，都正式发布了这类版本的游戏机。

FPGA 硬件模拟

现场可编程逻辑门阵列（Field Programmable Gate Array，FPGA）是可以通过编程在硬件层面模拟多个芯片和电路的一种芯片。随着 FPGA 的价格越来越便宜，功能越来越强大，它已成为给游戏机“保驾护航”的工具，被用在诸如光驱模拟器、EverDrive，甚至主机模拟器等设备上。Mega Sg（下图）是 Analogue 公司打造的一款基于 FPGA 的游戏机模拟器，它使用原版世嘉 Genesis 卡带和手柄。这些新的 FPGA 主机通过 HDMI 向平板电视输出像素完美的图像，这也是在现在的电视上玩原版游戏卡带最简单的方法之一。

光驱模拟器

光盘极大地提升了存储容量，也降低了电子游戏的生产成本，但随着这种格式不再年轻，其可靠性方面的问题也逐渐暴露了出来。旧主机里的光驱已经变成一个主要故障点，使一台原本可以运行的主机无法使用。早期的光盘也出现了一些问题——从激光腐蚀到脱层，都使得它的保存问题变得非常重要。最近，硬件发烧友为这些老款主机开发了一套新的、基于 FPGA 的光驱模拟器（ODE），它可以从 SD 卡或者硬盘里读取翻录的游戏光盘。Terraonion 公司的 MODE（下图，右上角）是一个可插入式 ODE，可取代土星、Dreamcast 或原版 PlayStation 的光驱。

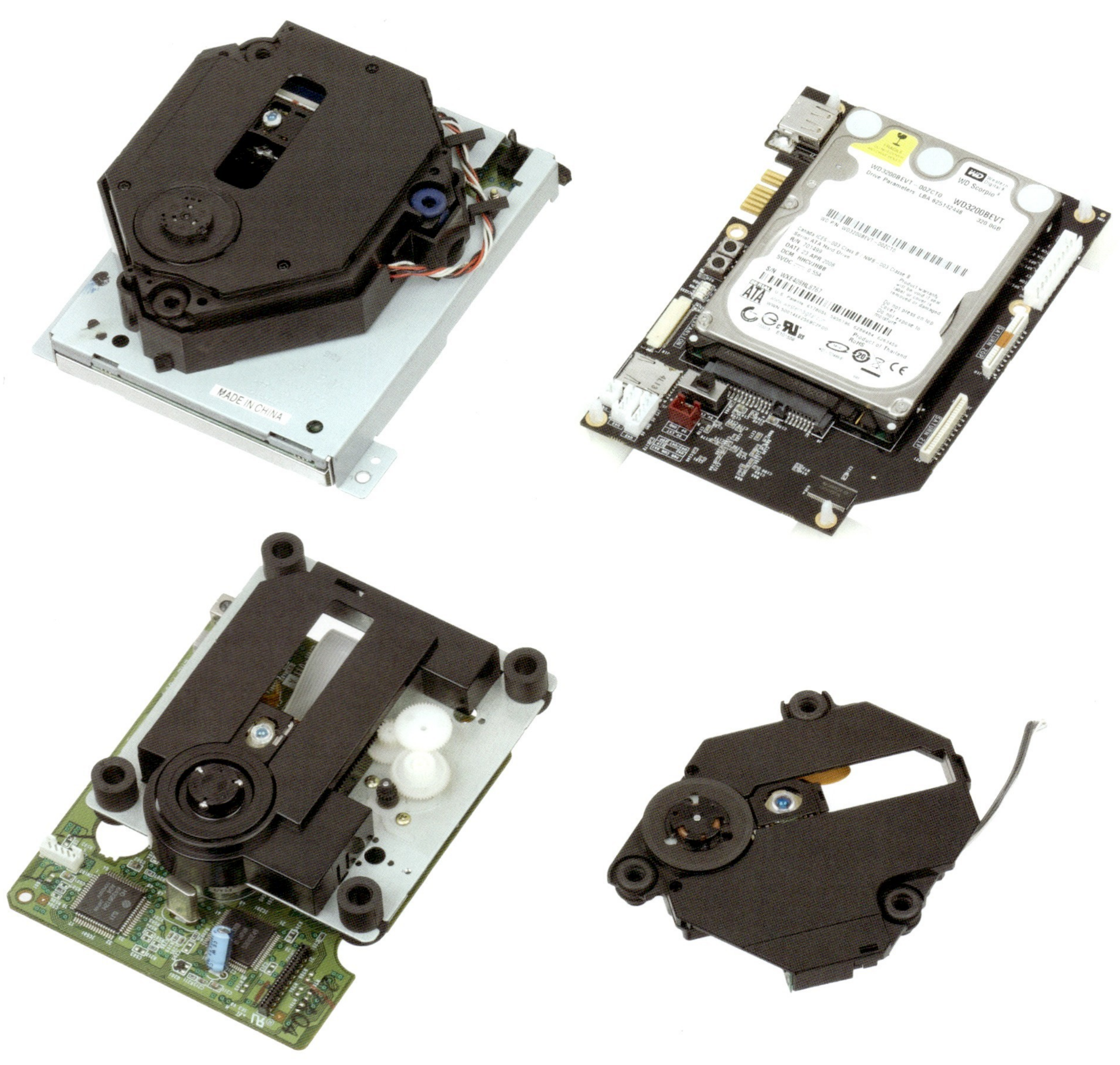

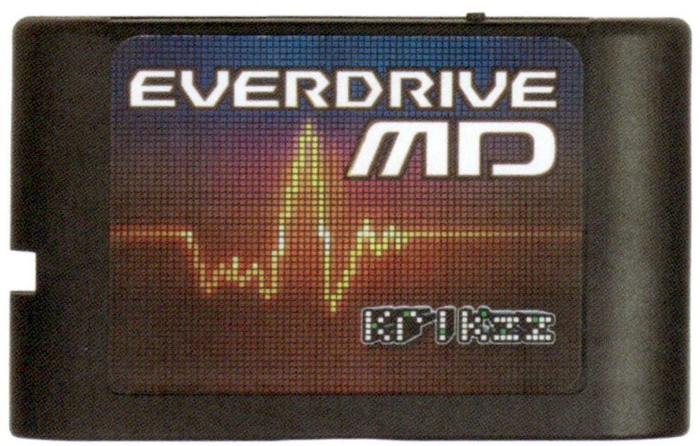

EverDrive

EverDrive 是一个用于复古游戏机的设备，它可以在一个游戏卡带里存储并读取许多游戏 ROM。游戏 ROM 存储在 SD 卡或者 microSD 卡里，可以轻松装下一台老款主机的整个游戏库。EverDrive 受到了一些复古爱好者的欢迎，他们不仅喜欢在真正的硬件上玩游戏，同时也想要规避日益昂贵的二手复古游戏市场。EverDrive 系列一开始是乌克兰硬件工程师伊戈尔·戈卢博夫斯基（又名 KRIKzz）的一个家庭项目，后来这个系列慢慢发展，已经可以支持多种经典主机。一些高端 EverDrive 的 FPGA 不仅支持即时存档，甚至还支持光驱模拟器。

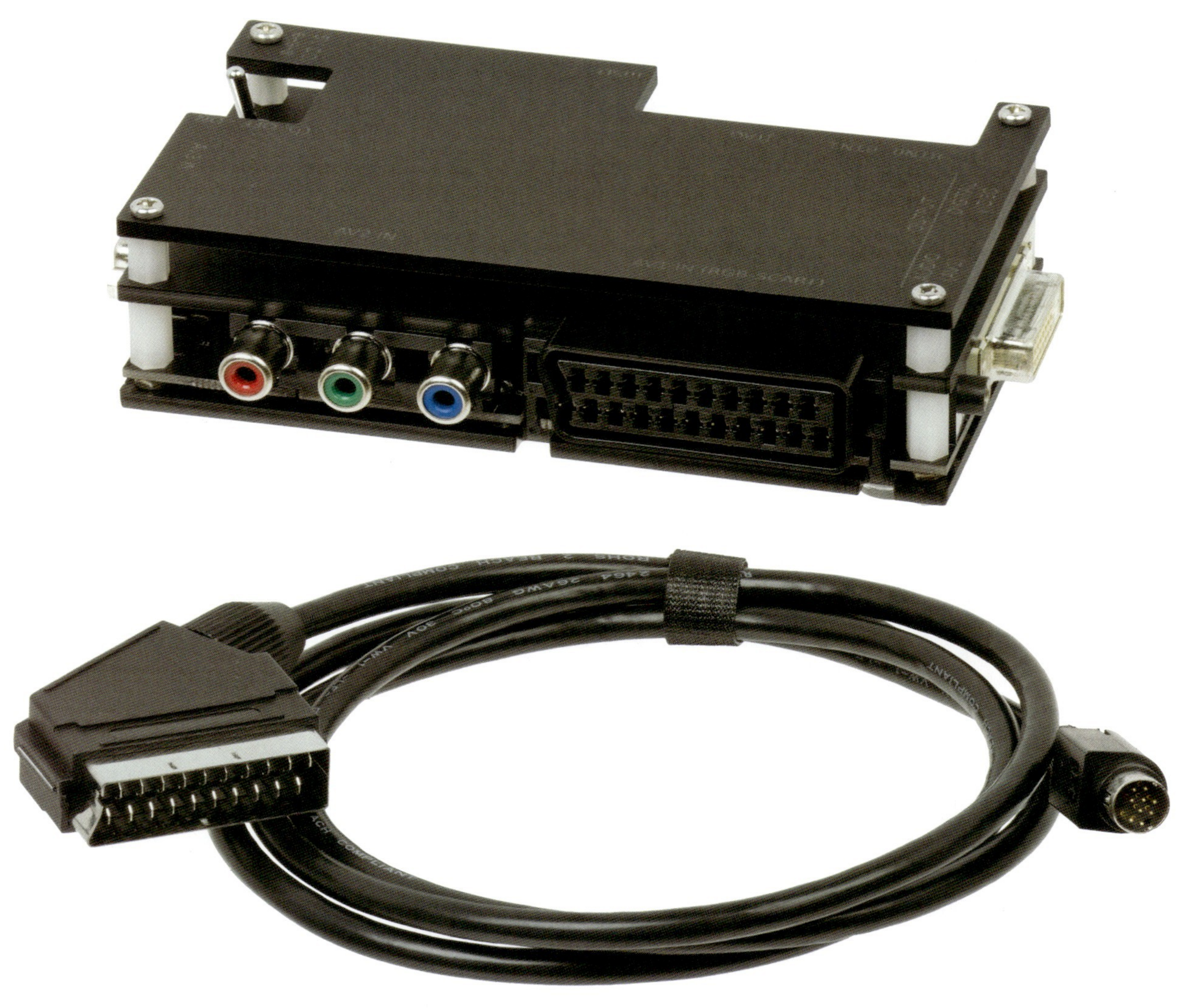

RGB、SCART 和放大器

老款游戏主机通过模拟信号来显示图像，这些信号可以通过各种方式传输。大多数美国人对 AV 端子（复合端子）很熟悉，整个视频信号都是被压缩并通过一根黄头的线传输的。对于复古游戏机，把图像分成红色、绿色和蓝色信号的 RGB 信号，可以提供最好的画质。虽然许多老款游戏机有 RGB 视频输出，但在美国几乎没有美国电视支持。在欧洲，RGB 是通过 SCART 获得支持的，这是一种通过一根线传输多种视频格式的标准。当（视频信号的）外部缩放器的获取变得很容易，对复古爱好者来说，SCART 就仿佛重获新生。例如上图所示的开源扫描转换器（OSSC），它通过 SCART 接收 RGB 信号，并将图像放大到现在的电视上。其结果是，画面效果相比 AV 端子有了巨大的提升，非常值得想在平板电视上使用原版主机硬件的人关注。

显像管电视和专业视频监视器

在现代 LCD 和 OLED 平板电视成为常态之前，所有家用主机都是为显像管（CRT）电视设计且显示在上面的。这些旧电视相比普通 LCD 电视仍然具有一定优势。具体来说，就是在响应时间、黑电平和处理低分辨率模拟信号等方面有优势。许多复古爱好者喜欢在显像管电视上玩他们的老款游戏机，并将专业视频监视器（PVM）誉为显像管电视的终极体验。大多数显像管 PVM（如下图中的索尼机型）是被广播电视公司或医疗专业人士正式采用的，它们可以直接接收 RGB 视频信号，这为支持这些显示设备的经典主机提供了最佳的视频画质。

缺失的其他游戏设备

本书涵盖了各种各样的游戏机和以游戏功能为主的计算机，但并没有收录完全。第二版虽填补了许多重要的空白，但仍然遗憾地存在遗漏。大多数遗漏的产品是老款计算机与在美国之外发行的主机和计算机，这些产品非常难买到或者借用，即便可以，费用也很高昂。下列主机、掌机和老款计算机都非常值得列入本书，但由于产品难以获得、内容精简需求或篇幅限制而没有收录。

- Acorn Archimedes
- Amazon Luna
- Amstrad CPC
- Apple II
- Apple Macintosh
- Atari ST
- Bandai Super Vision 8000
- BBC Micro
- Commodore 128
- Commodore Amiga
- Design Master Denshi Mangajuku
- Enterprise computer
- Fujitsu FM-7, FM-77
- Gakken Compact Vision TV Boy
- Game King
- IBM PC Standard
- Mattel See'n Say/Bandai Terebikko
- NEC PC-8001
- NEC PC-8801
- NEC PC-98
- Nichibutsu My Vision
- Oric computer
- Panasonic 3DO M2
- Philips Videopac G7400
- Picno
- Playdate
- Razer Forge TV
- Sega Pico
- Sharp MZ
- Sharp X1
- Sharp X68000
- Sinclair QL
- Sinclair ZX81
- Spectravideo
- Steam Machines
- Takara Video Challenger
- Tandy TRS-80
- Tandy TRS-80 Color Computer
- Texas Instruments TI-99/4A
- Video Buddy
- Video Challenger
- Video Driver

配件和衍生机型

由于篇幅限制、避免冗余或格式问题，大量的主机配件和衍生机型在本书中没有被介绍。以下几页收录并简要总结了其中最重要的一些遗漏。

雅达利 400

雅达利 400 是 1979 年与雅达利 800 一起发布的雅达利 8 位计算机。雅达利 400 的定位是入门级机型，为了降低成本它减少了部分功能。与 800 相比，400 的内存更小，采用更便宜的薄膜键盘，未设第二个卡槽，而且只有 RF 射频端子的视频输出。

Coleco 扩展模块 2

ColecoVision 的第二个扩展模块是一个方向盘控制器和油门踏板组合，可插入主机的控制器槽中。它与赛车游戏 *Turbo* 捆绑销售，并且只支持 5 款其他游戏卡带。

Coleco Gemini

ColecoVision 的雅达利 2600 扩展模块发售后，Coleco 又发布了一个独立版本，起名 Gemini（双子星）。这台仿制主机只能玩雅达利 2600 的游戏，它还配有一个简化的板式控制器，上面有一个摇杆和一个旋钮。

世嘉 Mark III

Mark III 是世嘉 SG-1000 的第三代机型，它有增强的图形硬件和更大的内存，以及一个新的游戏数据卡插槽。这款主机为在全球发售 Master System 打下了基础，后来在日本本土被重新命名为 Master System。

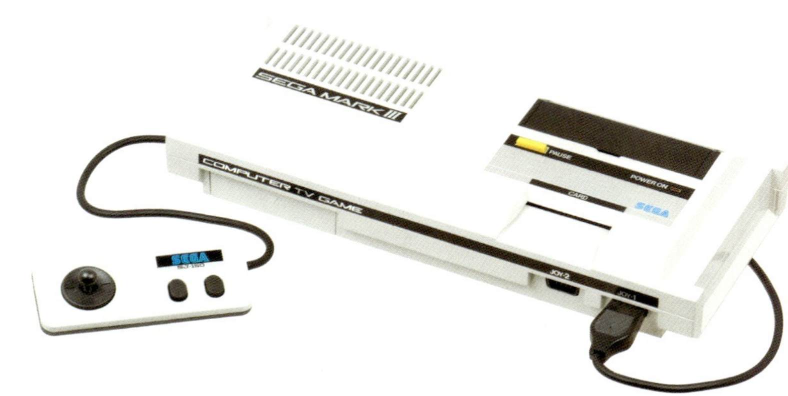

任天堂 Family BASIC 键盘

Family BASIC 键盘是任天堂 Famicom 的一个配件，只在日本发售过。这套键盘配件的设计初衷是教儿童学习打字和计算机基础知识。它的软件包含了 BASIC 语言编程、内置游戏、记事本、计算器和一个创作音乐的程序。

Power Glove

Power Glove（威力手套）是美泰公司 1989 年为 NES 推出的一个非常独特的控制器。手套可以和放在电视机屏幕周围的一圈传感器配对，这些传感器通过对手套进行三角测量来判断手套的位置，进而计算手套的运动。手套的移动和手指的屈伸会映射到不同的按钮上，通过它们就可以控制屏幕上的动作了。

NES Top Loader

NES-101，通常被称作 Top Loader（顶部插卡机），是 1993 年发售的 NES 的更新机型，售价 49 美元。这台更小、更精简的主机有一个更可靠的卡带接口，和一只边角圆润的“狗骨头”手柄，但是因为它只有 RF 射频端子的视频和音频输出，所以画质变得更差了。

NEC Interface Unit

NEC Interface Unit（接口单元）发售于 1988 年，它给 NEC 的 PC Engine 和 Core Grafx 系列主机增加了读取 CD-ROM 的功能。它由一个能插入整个主机的底座和一个可拆卸的 CD 光驱构成。这个光驱也可以拆下来当作独立的 CD 音乐播放器来使用。

NEC SuperGrafx

SuperGrafx 是 NEC PC Engine 的一个生命周期很短的衍生机型，发售于 1989 年，拥有比原版更大的内存和额外的图形硬件。它只推出过 6 款能完全发挥这台主机独特性能的游戏。

JVX X' EYE

X' EYE 是 Sega Genesis 和 Sega CD 二合一的一台机器，由日本电子公司 JVC 生产制造。这台高级的多合一主机在日本以 Wondermega 的名字发售。它还有一个麦克风输入接口，能用作卡拉 OK 机。

世嘉 CDX

CDX 是世嘉 Genesis 和世嘉 CD 二合一的小型主机。尽管它需要插电源并连接电视才能玩游戏，但也可以用作一个便携的 CD 音乐播放器。

世嘉 Nomad

Nomad 是便携版的世嘉 Genesis，它既可以在自己的 LCD 屏幕上玩游戏，也可以把视频信号输出到电视。由于没有内置电池，Nomad 要么需要直接连接交流电，要么需要一个非常大的外置电池包才能运行。

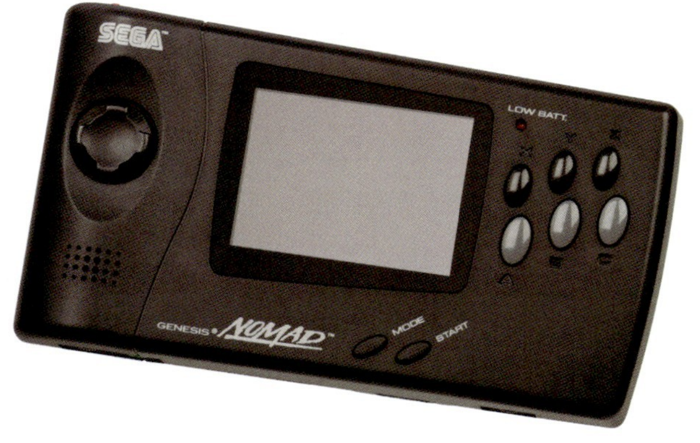

Super NES 101

Super NES 101 是廉价版的超级任天堂主机，发售于超级任天堂主机的生命末期。这台机器的构造比原版更简单，去掉了很多功能，比如内置的 RF 射频调制器、电源指示灯和一个用不上的底部扩展槽。

NEOGEO CDZ

CDZ 是 NEOGEO CD 的更新机型，也是 SNK 发售的最后一款家用主机。它在原版 NEOGEO CD 的基础上，增加了一个双速 CD 光驱，拥有比原版单速 CD 光驱更快的读盘速度。

Wii Mini

Wii Mini 是任天堂 Wii 的廉价版机型，于 2013 年在美国发售，售价 99 美元。它移除了原版 Wii 的很多功能，比如联网功能、数字版 eShop 游戏、AV 端子视频输出和对 GameCube 的向下兼容。

Oculus Rift

Rift 是 Oculus 的第一款商业虚拟现实头盔，于 2016 年发售，售价为 599 美元。这套头盔需要一台 PC、外置传感器和 Oculus 软件来运行。Rift 在 2019 年停产，取代它的是升级机型 Rift S。Rift S 有更高分辨率的屏幕，并且内置位置追踪功能。

新任天堂 2DS XL

新任天堂 2DS XL（New Nintendo 2DS XL）是 3DS 系列掌机的最后一款机型，发售于 2017 年，售价为 149 美元。它保留了原版 New 3DS 强大的硬件配置和 C 摇杆，但是去掉了显示裸眼 3D 图像的功能。

Playstation 4 Slim

Playstation 4 Slim（简称 PS4 Slim）是原版 PS4 的一个机身更小、能效更高的版本，发售于 2016 年，售价为 299 美元。由于制造工艺的改进，SoC 芯片体积更小，PS4 Slim 相比原版 PS4，运行起来温度更低，也更安静。

PlayStation VR

PlayStation VR 是索尼为它的 PS4 平台推出的虚拟现实头盔。它需要一个外部摄像头来追踪动作，并需要 DualShock 4 手柄或者 PS Move 魔杖来进行交互操作。它发售于 2016 年，头盔单卖的版本售价为 399 美元，捆绑了摄像头和 PS Move 魔杖的版本售价为 499 美元。

Xbox One Kinect

第二代 Kinect 是一个生命周期很短的外设，最初是和 Xbox One 捆绑销售的。后来单独售卖，好让 Xbox One 能和 PS4 保持相同的价格。再后来，因微软逐渐冷落 Kinect，Kinect 被逐步淘汰，然后停产。只有不到 50 款游戏用到过它。

Xbox One X

Xbox One X 是基础版 Xbox One 的半世代升级版，发售于 2017 年，售价 499 美元。X 是一台高端主机，有更强悍的 GPU，性能评级达到 6 TFlops，还有 12 GB 更高速的 GDDR5 内存。性能的提升改善了很多新旧游戏的帧率表现，还提升了游戏画面的显示分辨率。

关于作者

埃文·阿莫斯（Evan Amos）是一位自学成才的摄影师。在维基百科的帮助下，他偶然间成为一名档案管理员和游戏历史研究者。阿莫斯在美国密苏里州出生和长大，目前住在布鲁克林的公寓，家里塞满了游戏机和硬件。

Nintendo®
SELECT START
B
A

CONATUSCREATIVEDOWNWARDVIRALXELYSEWUHAC
CHADHARELSONFRANKNORABRIANPARKEROVERAND
MIKEMARSHALLCASPERJENSENSTEFANVOSWINKEL
DANIELTATRORYANLINDSEYCHRNOXIIIERICROWE
WAYNEMYERSJOELCUSIMANOBENTRIPPLUKESOLIS
NATHANALTICEERICECKSTEINJUSTINBUSCHAGEN
FREDERICKKURNIADIROBERTZOLLOANTONYELLIS
DARRELLGREJDUSJORGEPOBLETEFACUNDOMOUNES
ROBERTBEEMANRYANWELLINGGAELENHAMERAJAMI
JOSEPHCHIUJOHNJACKSONHOLDENLINKJENCHENG
DANWINCKLERDALTONGARRISONANDREWANDERSON
NICOLASNAJMMARTINHAYNESCHADDERRENBACKER
IANHENDERSONTYLERCHARLESBENJAMINZIEBERT
DENNYHYDEJORDANFISHMINZAWMRAROBYNMONSEN
BRITTONPEELEJERODMACKERTFIMBULALANRALPH
DANIELLEONARDOCHRISTOPHERHANSONGREG2600
ARTHURDEPADUACARSTENRUHRTOMRICKERTERWIN
ANDREASANDREJOSHKRAMERFREDCREEDONCALLEN
MARLADESATBRIANSMITHGAVINLANEAMIRGROZKI
LUKASFOLDYNAALEXNELSONATLURSARAHTEUGELS
MIKEDYMONDMATTIITUUNANENOWENGROVELEOPOLD
XAVIERURBINATOBYAHEARNPERAXMARKAWESOMEP
JOHNSTROUTMANJOHNGILLOTTEANGELODELPRETE
GARRONBATEMANMIKHAILSUDAKOVTOMHELLSTROM
CHRISCANNONDANIELSCHULTZXBRIANUGOROWSKI
JOAOSOUSAMICHEALKOHNERAHULAREFINPRITHUX
NATHANIELWEINMANMIKEDANYLCHUKSIMONSIMON
BRENTOSBORNEMARIELCARTWRIGHTDANIELKLEIN
MICHAELDIAZLINUSJOSEPHSONJOHANHWBASBERG
GREGFIUMARAHENDRIKLESSERDANIELCXJUSTINM
PATRICKGREENAALARSENNATHANIELSCOTTYOUNG
DAVIDROBERTDOMKEMARCRJ&BETHHUFFBRIANRAK
JONSCOTTSMITHANTHONYMUNOZMALEMOCYNTJAKE
LORENZJUGELRYANMARDELLMATTHEWLEEVENNERX
SEBASTIAANDECONINCKJUSSIPOLKKIWAKASASHE
ROBCROWTHERCHRISSEMPLEDANIELGORNEYHUNTY
SWINGSWINGSUBMARINELITTLEMONSTAXSANDERP
WILLIAMMILLERETIENNEMINEURREMYSTIEGLITZ
CAMERONTODBRANDONMARCUSBAILEYDAVIDPERRY
DIABLODISTROLOWPOLYCOUNTJEDIAARONATAKER
RAVENWORKSRUBBERFLUNKIEALEXMEIJAXMAJOGU
ALEXARBITDIGITALEXCESSNIGHTPUEONITRORAD
TROGDORTHEBURNINATORNIGHTFORGEDEZROZACH
NICKMCKENZIESNOWCASTLEGAMESWALTERMULLER
HOLLOWTEARSGEKKOPOWERBROTHERBRAINBRIANS
DAVIDROPKEDRIESSENIMPERATOR3733XLOTIERX
CLINTTORREYANTONEFATCATGAMINGBRIANSMITH
KYLEBOSMANBOBNEALJOETARTAGLIA8-BITANDUP
VIDEOGAMESNEWYORKGIULIOOWENJEREMYPARISH

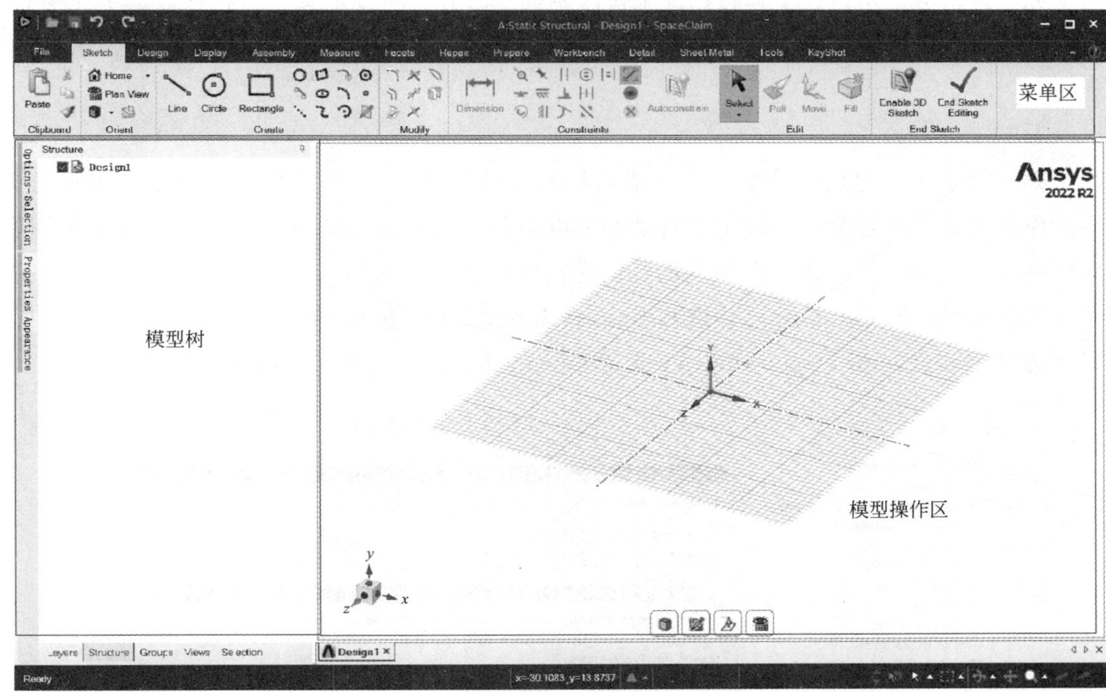

图 13-12　SpaceClaim 几何建模软件

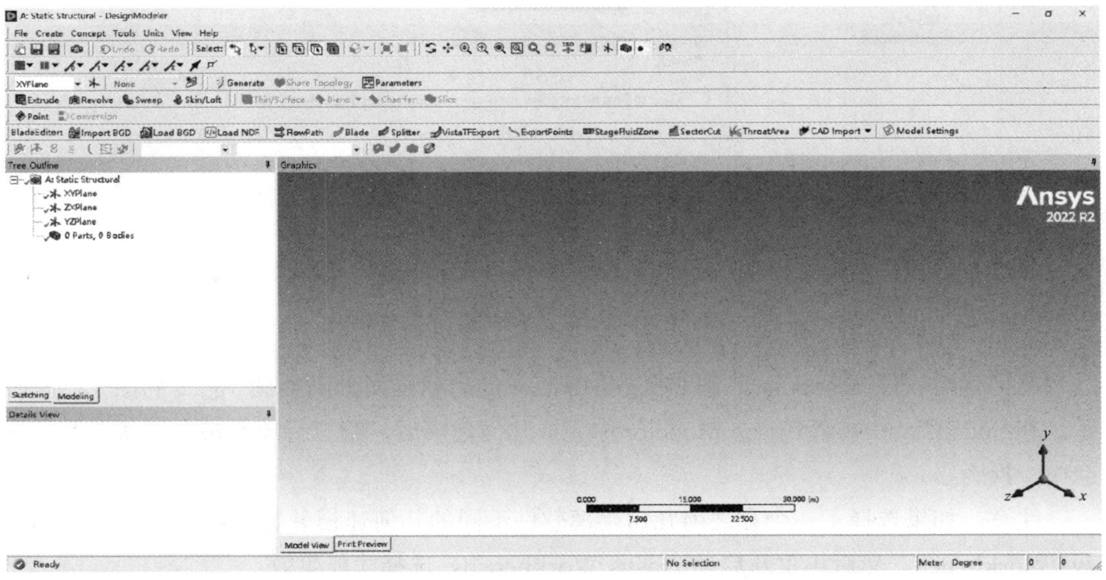

图 13-13　DesignModeler 几何建模软件

中分析树窗口中的项目分析树显示了有限元模型的几何输入、几何模型、材料、坐标系统、网格、结构静力分析(分析模块)、求解等。第四行单元格 Model 对应分析树的 Model

力学和物理常数。可以在工程数据的工作区中选择已有材料或定义新材料参数。单元格右侧状态符号为√，说明至少已经选择了一种材料（Ansys Workbench 把结构钢作为默认材料）。

3）Geometry

第三行单元格为几何模型。单元格右侧状态符号为?，说明几何模型还没有准备好；单元格右侧状态符号为√，说明几何模型已准备好。双击 Geometry 单元格，会启动几何建模软件。Ansys Workbench 常用的几何建模软件有 SpaceClaim 和 DesignModeler。在主菜单 Tools 中点击 Options...，选 Geometry Input，然后在 Preferred Geometry Editor 栏目下选择 SpaceClaim Direct Modeler 或者 DesignModeler，如图 13-11 所示。

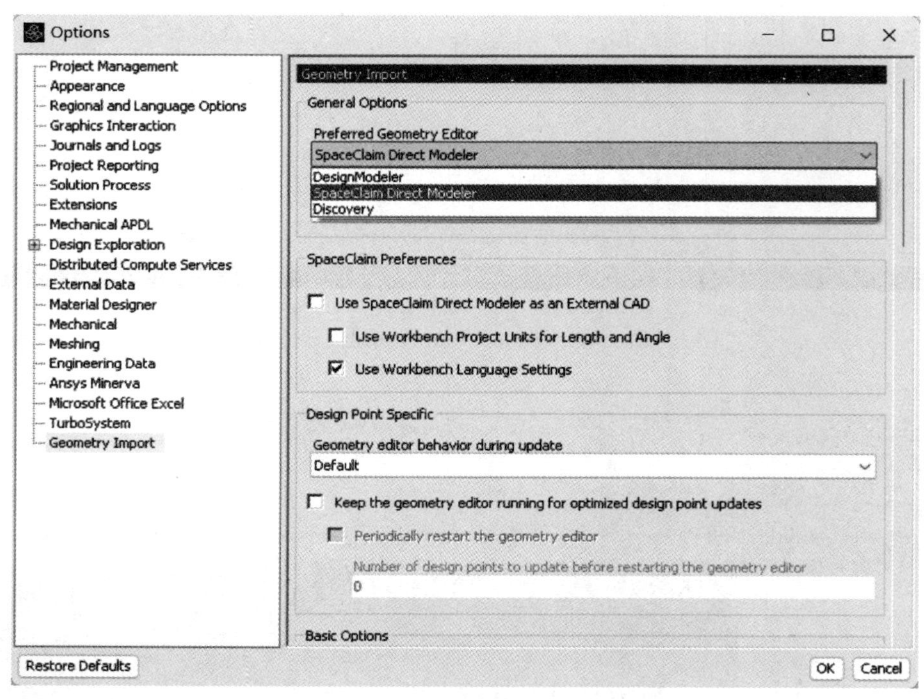

图 13-11 选择几何模型建模软件

几何建模软件 SpaceClaim 和 DesignModeler 的启动画面分别如图 13-12 和图 13-13 所示。在 SpaceClaim 或者 DesignModeler 中完成几何建模后，第三行单元格右侧状态符号将会由？换为√。

注意：如果选择了一个和之前几何建模软件不同的几何建模软件，则需要先退出 Ansys Workbench，然后再重新启动 Ansys Workbench，选择才能生效。

4）Model

第四行单元格为有限元模型。当几何模型完成后，双击 Model 单元格，会启动 Mechanical 有限元应用软件，图形界面如图 13-14 所示，这也是 Windows 应用软件经典界面，由标题栏、菜单栏、工具栏、分析树窗口、图形操作窗口、详细设置窗口等组成。其